A DECADE
HISTORY OF GLORY

蓝海再扬帆

北京现代汽车有限公司党委 \ 编著

企业管理出版社
EMPH ENTERPRISE MANAGEMENT PUBLISHING HOUSE

图书在版编目（CIP）数据

十年蓝海再扬帆/《十年蓝海再扬帆》北京现代汽车有限公司党委编著. —北京：企业管理出版社，2012.11

ISBN 978-7-5164-0180-4

Ⅰ．①十…　Ⅱ．①十…　Ⅲ．①汽车工业－工业企业－概况－北京市

Ⅳ．①F426.471

中国版本图书馆 CIP 数据核字（2012）第 249660 号

书　　名：十年蓝海再扬帆
作　　者：北京现代汽车有限公司党委编著
选题策划：申先菊
责任编辑：王龙泉
书　　号：ISBN 978-7-5164-0180-4
出版发行：企业管理出版社
地　　址：北京市海淀区紫竹院南路 17 号　邮编：100048
网　　址：http：//www. emph. cn
电　　话：总编室（010）68420309　发行部（010）68701638
　　　　　编辑部（010）68456991
电子信箱：emph003@ sina. cn
印　　刷：北京大运河印刷有限责任公司
经　　销：新华书店
规　　格：170 毫米×240　毫米　16 开本　15 印张　600 千字
版　　次：2012 年 11 月第 1 版　2012 年 11 月第 1 次印刷
定　　价：89.00 元

《十年蓝海再扬帆》
编委会

领导来访
Leadership visit

2004.02.25-中共中央政治局常委、全国政协主席贾庆林视察北京现代

2003.07.09-时任韩国总统卢武铉访问北京现代

2008.05.29-韩国总统李明博访问北京现代

2006.02.21-原中共中央政治局常委、中央书记处书记、中纪委书记尉健行视察北京现代

领导来访
Leadership visit

热烈欢迎驻中国韩国大使馆柳佑益大使一行
2010. 11. 2

2010.11.2-韩国驻华大使柳佑益访问北京现代

2006.9.20-原中共中央政治局常委、国务院副总理李岚清视察北京现代工厂

2003.05.12-国务院副总理曾培炎视察北京现代

2004.01.13-中共中央政治局委员、全国人大副委员长、全国总工会主席王兆国视察北京现代

领导来访
Leadership visit

2003.04.09-时任中共中央政治局委员、中央组织部部长贺国强视察北京现代

2009.02.03-时任中共中央政治局委员、北京市委书记刘淇到北京现代二工厂及技术中心调研

2005.10.17-时任全国人大常委会副委员长李铁映视察北京现代

2003.03.12-原全国人大副委员长邹家华视察北京现代

领导来访
Leadership visit

2005.12.22-时任全国人大副委员长、民革中央主席何鲁丽视察北京现代

2006.03.19-时任中国外交部部长李肇星视察北京现代

舞动08北京　现代悦动中国

北京现代第二工厂竣工仪式

2008.04.08-时任北京市市委副书记、市长郭金龙会访问北京现代

2003.02.11-时任北京市副市长陆昊视察北京现代

领导来访
Leadership visit

2009.12.16-北京市副市长苟仲文视察北京现代

2003.03.28-时任北京市委常委、政法委书记吉林视察北京现代

热烈欢迎北京市人大常委会领导莅临指导

2003.04.03-时任北京市委副书记于均波视察北京现代

2003.10.30-时任北京市常务副市长翟鸿祥视察北京现代

领导来访
Leadership visit

2012.02.22-时任共青团北京市委副书记常宇、杨立宪访问北京现代

北京现代
NEW THINKING.
NEW POSSIBILITIES.

十年足迹
10 years footprint

2001.10.17-贾庆林会见韩国现代汽车郑梦九会长拉开了北京与现代汽车合作的序幕

2002.04.29-北京汽车工业控股有限责任公司与韩国现代汽车自动车株式会社在北京签署战略合作协议书

2002.10.18-北京现代举行公司成立大会暨揭牌仪式

2002.12.23-北京现代第一辆索纳塔轿车下线

十年足迹

2003.03.12-北京现代成功冠名北京国安足球俱乐部，实现了在"首都品牌"范畴内企业界与体育界的强强联合

2003.06.17-白衣天使簇拥着北京现代第2万辆轿车驶出生产线

2003.12.23-伊兰特新车上市仪式在北京饭店隆重登场

2004.04.28-设计产能30万台发动机的全新发动机工厂正式启动

十年足迹
10 years footprint

2004.09.10-北京现代与BMP签约仪式在凯宾斯基酒店举行,北京现代售后配件体系专业化进程顺利完成

2004.12.23-北京现代第二十万辆轿车在世人的瞩目中驶下生产线

2005.01.15-北京现代首批出租车交车仪式在北京现代厂区举行

2005.06.16-北京现代第一款城市SUV闪亮登场

十年足迹
10 years footprint

2005.6.21-北京现代第三十万台轿车下线

2005.09.015-NF御翔隆重上市

2006.03.16-北京现代第五款新车雅绅特上市

2006.3.27-北京现代第五十万辆轿车下线

十年足迹
10 years footprint

2006.4.18-北京现代第二生产厂区及研发中心奠基仪式隆重举行

2007.5.30-北京现代举行伊兰特50万辆庆典活动，将第50万辆伊兰特赠送给"冰上情侣"申雪、赵宏博

2007.8.20-北京现代发动机二工厂竣工投产

2007.12.10-北京现代第100万台发动机下线

十年足迹

2008.2.22-北京现代第100万辆轿车下线

2008.4.8-北京现代ELANTRA悦动新车发布及二工厂竣工仪式隆重举行

2008.8.7-北京现代董事长徐和谊作为北京奥运会火炬手传递奥运圣火

2008.12.23-北京现代领翔举行新车上市庆典

十年足迹
10 years footprint

2009.2.10-北京现代经销商大会圆满落幕

2009.3.26-北京现代2009年第10万辆车下线

2009.8.7-北京现代索纳塔全新改款车型名驭上市

2009.9.9-北京现代i30上市发布会隆重举行

十年足迹

2010.4.8-北京现代ix35闪耀上市

2010.4.20-北京现代第200万台发动机下线

2010.8.23-北京现代瑞纳全球首发上市仪式举行

2010.9.12-北京现代举行三工厂入区协议签字仪式

十年足迹

2010.11.28-北京现代第三工厂奠基仪式隆重举行

2011.1.10-北京现代就2010年产销汽车突破70万辆向北汽集团报捷

2011.4.8-第八代索纳塔新车发布会举行

2011.6.8-北京现代第八代索纳塔"5年10万公里"全寿命保修标准发布

十年足迹

10 years footprint

2011.8.31-北京现代举行第300万辆轿车下线仪式

2011.10.18-北京现代举行厂庆九周年暨第三工厂主体工程竣工庆典

2012.5.28-北京现代杨镇工厂发动机厂正式量产

2012.6.6-北京现代举行杨镇工厂新车量产仪式

十年足迹
10 years footprint

2012.6.18-北京现代举行杨镇工厂新车发运仪式

2012.8.4-北京现代朗动上市发布会隆重举行

北京现代
NEW THINKING.
NEW POSSIBILITIES.

党建创新与企业文化

Party construction innovation and
enterprise culture

2002.6.28-北京现代党委举行庆"七一"总结表彰大会

2003.10.18-北京现代成立一周年庆典隆重举行

2004.6.27-北京现代党委召开庆"七一"总结大会,党委书记、董事长徐和谊将"党群之友"奖杯颁发给总经理卢载万

2005.9.10-北京现代隆重召开保持共产党员先进性教育动员大会

党建创新与企业文化
Party construction innovation and enterprise culture

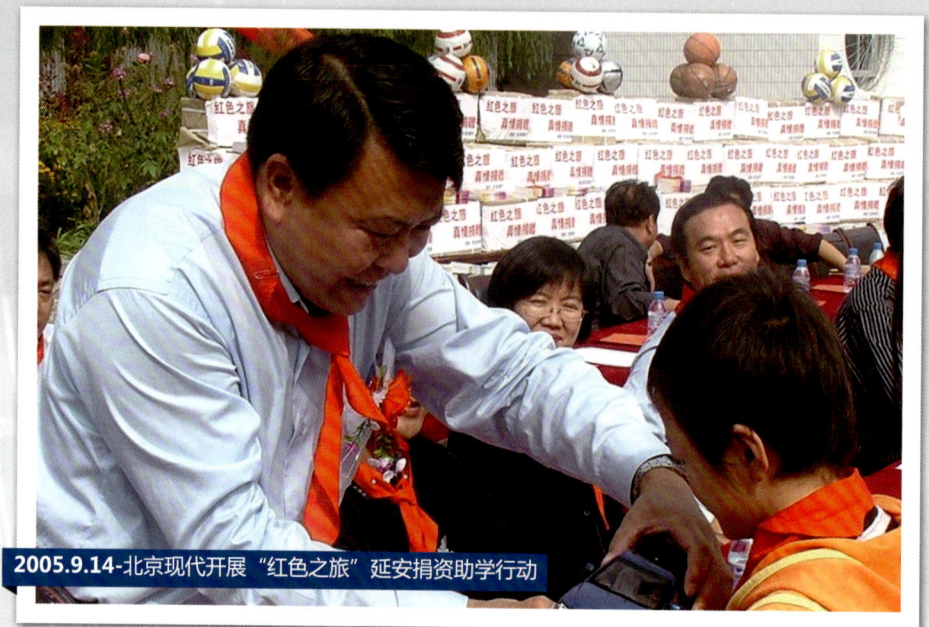

2005.9.14-北京现代开展"红色之旅"延安捐资助学行动

2006.4.22-北京现代举行首届职工运动会

2006.10.08-北京现代举行职工游园会

2007.4.18-以"彰显阳光魅力生活、共建和谐北京现代"为主题的北京现代首届企业文化节开幕式举行

党建创新与企业文化
Party construction innovation and enterprise culture

2007.5.19-共青团北京现代汽车有限公司第一次代表大会胜利召开

2007.10.16-在北京现代成立五周年庆典仪式上发布司歌《北京现代 Drive your way 》

2008.02.04-北京现代向湖南省赈灾募捐办公室捐赠5辆途胜车用于抗雪救灾

2008.4.28-以"迎精彩奥运百天、展活力北京现代"为主题的北京现代第二届职工运动会隆重举行

党建创新与企业文化
Party construction innovation and enterprise culture

2008.11.15-北京现代第一次党代会胜利召开

2009.05.11-北京现代第二届企业文化节开幕

2010.3.28-北京现代工会与企业签订第二期集体合同

2010.4.14-北京现代向玉树地震灾区捐款100万元，定向用于购置救灾帐篷

党建创新与企业文化
Party construction innovation and
enterprise culture

2010.5.8-北京现代第三届职工运动会隆重举行

2010.5.17-"北京现代之春——交响音乐会"隆重举行

2010.10.18-北京现代年厂庆9周年晚会隆重举行

2011.6.24-北京现代庆祝建党90周年表彰大会暨第三届企业文化节隆重召开

党建创新与企业文化
Party construction innovation and enterprise culture

2011.10.24-北京现代2011年中韩管理团队活动举行

2011.11.19-北京现代工会第二届会员代表大会胜利召开

2012.1.22-北京现代党委领导除夕夜慰问驻守岗位职工

北京现代
NEW THINKING.
NEW POSSIBILITIES.

所获荣誉
The honor

2005.12.17-荣获 "影响百姓生活十大品牌"

欢迎访问北京现代

2006.6.24-荣获 "全国先进基层党组织"

2007.10.20-荣获"2007年中国最佳雇主企业"荣誉称号

全国五一劳动奖状

中华全国总工会
2007年4月

2009.4.28-荣获"全国五一劳动奖状"

所获荣誉
The honor

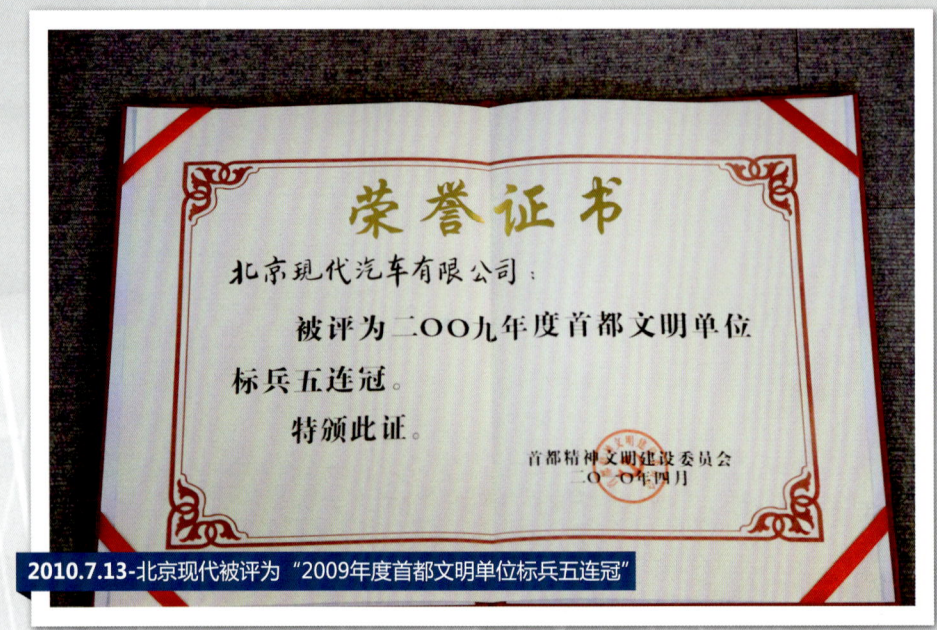

2010.7.13-北京现代被评为"2009年度首都文明单位标兵五连冠"

2011.1.15-荣获共青团北京市委"五四红旗团委"荣誉称号

2011.2.26-荣获"全国机械行业文明单位"荣誉称号

2011.4.14-荣获北京市第十届"思想政治工作优秀单位"荣誉称号

所获荣誉
The honor

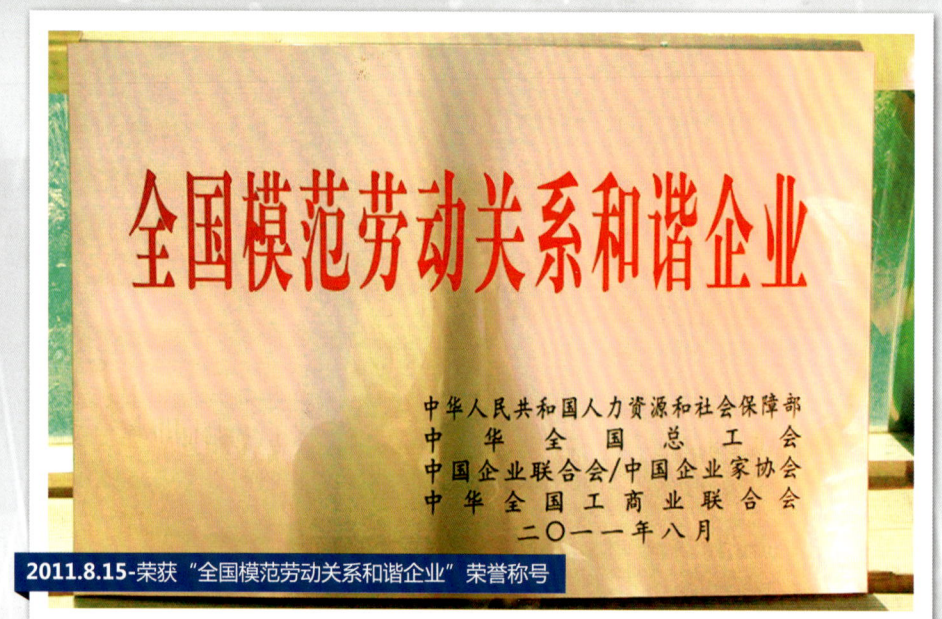

全国模范劳动关系和谐企业

中华人民共和国人力资源和社会保障部
中 华 全 国 总 工 会
中国企业联合会/中国企业家协会
中华全国工商业联合会
二〇一一年八月

2011.8.15-荣获"全国模范劳动关系和谐企业"荣誉称号

2011.9.15-荣获全国非公有制企业"双强百佳党组织"荣誉称号

壮志不改天地间

——《十年蓝海再扬帆》序言

徐和谊

　　2012 年 10 月 18 日，北京现代迎来成立十周年的日子。十年弹指一挥间，北京现代已经从无到有、从小到大，成为产能规模达到百万辆的大型现代化汽车制造企业，成为首都工业战线的一面旗帜。站在顺义区北京现代厂区的热土上，看着北京现代杨镇工厂正式竣工投产，心潮澎湃。回想起十年前我受命组建"北京现代"项目时一路的摸爬滚打，挑灯夜战，内心不由得感慨万千。十年发展不寻常，历尽艰辛创辉煌。北京现代成立至今，经过了十年不平凡的发展历程，创造了令业界惊叹的"北京现代速度"，成为一个高成长性的大型企业。可以说，北京现代的这十年是奋斗的十年，发展的十年，辉煌的十年。

　　北京现代这个项目，是中国加入 WTO 之后的第一个汽车合资项目。当年的韩国现代自动车株式会社，非常看好中国这个世界未来最大的汽车市场，但当时的韩国现代品牌相对较弱，北京汽车也不甚景气，所以这个项目在当时并不被社会各界看好。但是，北京汽车工业的振兴需要这个项目，北京市委、市政府有搞好这个项目的信心和决心，北京汽车人更有一种不信邪、不服输、敢拼搏的劲头。我们就是在条件异常艰苦的情况下，开始了工厂建设。老轻汽厂房一边改造，我们一边装配，每天夜里12点召开工作例会雷打不动，第二天一早7点钟又照常上班。我们就是这样，实现了北京现代项目当年签约、当年开业、当年出车。北京现代赶上了轿车进入家庭的大好时机，加上索纳塔、伊兰特等车型非常适合中国市场的需求，所以北京现代在这十年间实现了飞速发展，产能由最初的10万辆扩大到目前的100万辆，销量由2003年的5万辆提高到2011年的74万辆，稳居行业第五位。经过十年发展，北京现代已经成功在国内市场站稳脚跟，并具有很强的影响力，行业地位稳如磐石。

从北京汽车近年来的发展历程看，北京现代一直充当着排头兵和主力军的角色，为北汽集团不仅贡献了巨大的销量和最多的利润，为北京汽车的跨越式发展奠定了雄厚的物质基础，而且更重要的是，在北京现代建设过程中形成的"奋力拼搏、团结协作、知难而进、志在必得"的北京汽车精神，成为北汽集团的企业文化之魂，为北京汽车注入了必胜的信心和勇气。北京现代的经营理念和管理方式，给北汽集团的管理提升提供了重要借鉴。同时，北京现代还为北汽集团的发展培养了一大批德才兼备的技术与管理人才。可以说，没有北京现代，就没有北汽集团今天的繁荣。

北京现代项目，不仅对于北汽集团，而且对于北京市的经济发展和中国汽车工业的发展，都具有重要意义和深远影响。北京现代项目是北汽集团进入新世纪之后的第一次创业，它的成功不仅使北汽集团实现了从徘徊到奋进、从分散到集聚的跨越，而且从根本上确立了集团化的发展战略，为北汽集团开辟了一条集约化、规模化、国际化、现代化的发展之路，成为北京汽车创业史上的一个辉煌篇章。对于北京工业来说，北京现代项目结束了北京汽车工业没有轿车产品的历史，使汽车工业发展成为首都经济的支柱产业，使北京市成为国内重要的汽车工业基地。对于中国汽车产业来说，北京现代项目是中国汽车工业史上对外合资合作的典范，"北京现代速度"创造了中国汽车史上的奇迹。北京现代十年不平凡的发展历程，是中国加入 WTO 之后汽车工业快速成长、中国成为汽车大国的一个缩影。

现在回头看，北京现代的成功，既是时代的机遇，又是创业的必然。北京现代经过十年的艰苦创业和快速发展，积累了丰富的成功经验，成为北汽集团的宝贵精神财富。稍加归纳，北京现代的成功离不开以下五个重要的因素：

一是中韩股东双方的精诚合作。北京现代从成立之初不被看好到如今令人刮目相看，其中一个重要原因就是北京汽车和韩国现代虽然都有各自的利益诉求，但双方对于合资合作都有足够的诚意，能够本着求大同、存小异的原则，以互信互利和沟通融合来实现合资利益最大化，通过发展解决合作中的矛盾和问题，在合资企业遇到困难时双方也能相互协作，共渡难关。

二是制定了适应市场变化的经营战略。北京现代矢志成为中国汽车产业中重要的企业成员，并努力成为中国汽车产业化进程的领导者，我们以市场为导向，确立了"盘活存量、滚动发展、精益运营、强势入市、以快制胜"的经营战略和策略，有效盘活了北轻汽的存量资产。依据市场需求和发展需要，北京现代建立起国内一流的制造体系，覆盖全国的销售服务网络体系和完全达到韩国现代质量和技术标准的供应商体系，并在丰田"精益生产方式"的基础上，再加上采购供应、组织管理、质量管理、销售管理等方面的精细化管理内容，形成了北京现代"管理扁平化、生产精益化、质量全球化"的精益运营管理模式，在业界树立了标杆。

三是北京现代全体职工的顽强拼搏。北京现代的全体职工是一支特别能吃苦、特别能战斗、特别能奉献的队伍，创业初期不少一线的员工，有的年轻人是"下了夜班去结婚"、有的员工"家里人要给他记回家的考勤"，有的"忙得让女朋友都来查他的岗"，大家为解决工作上的难事儿、急事儿，都在加班，都在拼命，这种顽强拼搏的劲头是北京现代不断创造奇迹的不竭动力。

四是有一支团结高效、能打硬仗的干部队伍。北京现代从企业带头人到各级管理干部，他们求真务实、敢于创新、会带队伍，经过多年的磨练，为北京现代打造出一支充满活力、团结高效、能打硬仗的干部队伍。这支队伍不仅为北京现代的发展发挥了骨干作用，而且还为北汽集团自主品牌和其他企业的发展输送了大批人才，成为北汽集团的中坚力量。

五是党建工作成为助推企业发展的"红色动力"。北京现代成立以来，北京现代公司党委始终坚持以思想创新推动理念创新、以理念创新推动工作创新。党委旗帜鲜明地提出"夯实党在合资企业的执政基础"的最高目标和"创一流党委、建一流机制、育一流人才、办一流企业"的基本目标，明确"党组织是企业唯一核心组织资源"的功能定位，逐步形成一整套符合合资企业发展要求的党建创新体系。多年来，北京现代党委切实抓好党员队伍的先进性建设，通过开展"时代领先工程——党员示范区"活动，促进了企业实现科学发展。

北京现代十年来虽然取得了重要成绩，但是我们也要清醒地看到，在这十年间我们也留下了一些缺憾与不足。在生产技术管理、质量管理等方面，我们还需要继续向韩方学习；在品牌影响力方面，北京现代与行业相比还有差距；在技术研发能力建设方面，我们还需要进一步努力和提高。北京现代要成为国内最大、最强、最优的乘用车企业，我们依然任重道远。

今年以来，我国的宏观经济面临下行压力，汽车行业也面临增长速度大幅调整，产业环境更加复杂的局面。面对新的十年，北京现代将一如继往，遵循"为中国人民的幸福生活创造一片美好的蓝天"的企业最高价值观，坚持质量至上，用良心造车，继续贯彻为消费者提供高性价比车型的经营策略，用高品质的车型和超越同行的优质服务，满足细分市场的客户需求，以优异的成绩回报股东、社会和员工，进一步发挥北京汽车工业引领作用，为区域经济社会发展作贡献，在中国汽车行业上写下浓墨重彩的一笔。

为了纪念北京现代成立十周年，回顾历史、总结经验、振奋精神、抒发豪情，北京现代党委组织编写了《十年蓝海再扬帆》一书。这本书以充满激情的笔触，生动地记录了北京现代十年来的发展历程，从企业发展、经营战略、职工创业、党建创新等各个侧面全面反映了北京现代艰难曲折而又生机勃发的辉煌历史，反映了全体北京现代人矢志不渝、拼搏奉献的精神风貌。

作为这段历史的参与者与见证者，看到这本书，我感到非常亲切，这又让我想起了那一段激情燃烧的岁月，想起了一起并肩战斗的战友与同事，想起了我们一步步将梦想变为现实的一个个历史瞬间。时光在流逝，岁月催人老，但北京现代的创业精神将亘古长青。

雄心自在九霄外，壮志不改天地间！

（作者为北汽集团党委书记、董事长，北京现代董事长）

目录
CONTENTS

第一章　赢在速度

2001 年，中国"入世"的第一年。

随着"入世"的成功，多年来一直低速发展的轿车工业，终于开始提速。在这一年召开的全国人大第九次会议上，"鼓励轿车进入家庭"首次被写进《中华人民共和国国民经济和社会发展第十个五年计划纲要》。从那时起，中国汽车工业开始进入一个新的发展阶段，一个真正的大市场之门开启。

此时的北汽，从连年持续低迷中迎来了一缕新的曙光——北京市政府决定调整城市经济布局结构，将汽车工业列为现代制造业的重中之重，其中北京现代的轿车项目被列为龙头项目、示范工程。

北汽人以"给我一个支点，我就可以撬动地球"的勇气，抢抓住了机遇——从 2002 年 4 月 29 日与韩国现代签署战略合作协议到 10 月 18 日公司正式运营，再到 12 月 23 日第一辆索纳塔轿车成功下线，北京现代只用了不到 8 个月时间。当年签约、当年开业、当年出车，北京现代用速度书写着自己的奇迹。

这种速度，只属于北京现代。

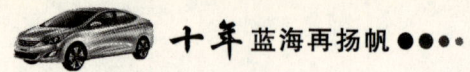

圆 45 年轿车之梦

　　2002 年 10 月 18 日，经历了一夜狂风骤雨的洗礼，北京市顺义区的天空迎来了第一道灿烂的阳光，在这一天，北京现代正式成立。这似乎是一种巧合，但也昭示了北京现代这个新建企业虽历经坎坷，但终将走向辉煌！站在北京现代汽车有限公司成立大会的舞台上，北京现代董事长徐和谊面带坚毅，神情庄严，他代表北京现代所有中韩员工郑重承诺，要以振兴首都现代制造业为己任，顽强拼搏、不辱使命，为实现北京汽车人 45 年的轿车梦想，为首都经济的繁荣稳定发展而不懈奋斗！这掷地有声誓言般的致辞背后，是一种决心、力量和不屈的意志。

　　一时间，欢声雷动，掌声如潮。也正是从那时起，北京现代的名字注定与这个人的名字紧紧地联系在一起——徐和谊。

危机中的转机

　　今天，当人们置身于北京现代技术领先、干净整洁、气势恢宏的厂区时，人们很难想象十年前这里的景象。十年前，这里曾是北京轻型汽车制造厂闲置的厂区，杂草丛生，满目苍凉。短短十年的时间，在这片土地上，奇迹般地建起了一座现代化工厂，不仅成功进入中国汽车行业第一阵营，成为全国规模最大、影响力最高的乘用车企业之一，更以卓越的产品、优质的服务、坚韧的精神赢得了中国 370 万用户的认可，创造了享誉业界的"现代速度"。

回想起北京现代成立之初的情景，现任北汽集团董事长、北京现代董事长的徐和谊仍然感慨万分："北京现代的成立是北京市委、市政府深思熟虑后所作出的英明决策。"

新世纪、新千年的鞭炮余音还未在人们的欢笑声中完全散尽，一场突如其来的互联网泡沫危机迅速在全球蔓延开来，世界电子信息产业顿时陷入剧烈的波动之中。而此前很长一段时间，北京经济一直以高新技术产业，尤其是电子信息产业为主要增长点，面对互联网泡沫的巨大冲击，北京市委、市政府站在战略的高度，清醒地认识到，首都经济的发展命脉绝不能仰仗于高新技术产业的一花独放，必须发展实体经济。

2002 年 5 月，北京市第九次党代会提出振兴现代制造业的战略决策。经过科学缜密的论证，北京市委、市政府决定将制造业的主要目标锁定在"汽车工业"上，以汽车工业为突破口，加快传统产业调整改造的步伐，这也就为新世纪的北京工业重新确定了坐标和方向。

之所以选择汽车产业，尤其是轿车，作为经济支柱及制造业的突破口，与北京特有的地域资源和经济地位密不可分。

其一，从国际发展趋势看，汽车产业是许多国家经济增长的主体，具有很高的产业关联度和带动性，在实现自身发展的同时，能够有效带动钢铁、塑料、化工、电子等多个相关产业的发展，带动起一个大大的就业链。

其二，北京具备发展汽车产业的基础，从新中国第一辆轿车"井冈山"牌开进中南海接受毛主席检阅，到 20 世纪六七十年代自主开发的轻型越野车和轻型货车产品风靡全国，北京汽车具有深厚的历史积淀和完整的运行平台，一度建设成为国家重点的轻型越野车和轻型客货车的生产基地。几十年的发展，使北京汽车产业拥有了 27 家企业，总资产额近 160 亿元，并造就了一支 7 万多人的产业大军，积累了丰富的经验。

其三，北京有良好的汽车消费环境，2001 年，在"鼓励轿车进入家庭"政策的鼓舞下，轿车大踏步进入中国百姓家庭，引起中国汽车市场行情井喷，轿车的黄金时代已经来临。2001 年，北京人均 GDP 已达 3060 美元，私车消费占到全部轿车消费的 50%，并以每年十多万辆的速度剧增，北京成为中国最大的汽车消费市场，北京市轿车的保有量占到了全国的 1/7，国际著名的汽车企业在北京都设有办事机构和售后服务体系，良好的市场氛围为北京汽车的发展提供了肥沃的土壤。

说起北京汽车，也许人们最先想到的是"北京吉普"、"北京 130"，这些广为人知的名字都曾是那个时代汽车的代名词，也都曾创造出北京汽车工业的辉煌篇章。然而，正当北京汽车的发展如日中天之时，1987 年国务院办公厅拟定的关于发展轿车生产问题的北戴河会议纪要发布，其中第四条明确规定："今后轿车生产主要依靠一汽、二汽，此外，上海大众公司首先要把国产化搞上去，在全国范围内不再安排新的轿车生产点。"于是，北京汽车的轿车项目一再搁置，而缺少高性价比，适应中国汽车消费市场需要的换代产品，成为制约北京汽车发展的重要因素。从 20 世纪 90 年代后期开始，北京汽车工业陷入了有史以来最为困难的时期，产能过剩、资产闲置、连年亏损，北京汽车的去留问题曾一度引发社会各界的大讨论。

置之死地而后生。在经历了几番苦痛折磨后的北京汽车，迎来了大力发展汽车工业的好消息。有了政策的支持，有了拼搏的劲头，北京汽车缺乏的只是一个恰到好处的合作伙伴。

一切缘分皆需时机，"时"就是在对的时间，"机"就是碰上对的人。

北京汽车工业在结构调整和产品升级换代之时，必须借助外力，吸收先进技术和管理经验以及国际水平的设计能力。然而当时对于北京汽车来说，在世界几大汽车巨头中，除了韩国现代汽车，其他均已在中国"扎地生根，开花结果"。经过多方考证，韩国现代自动车株式会社最终成为北京汽车寻求合作的首选。时至今日不难发现，北京汽车与韩国现代汽车互为青睐、最终携手具有着其历史必然性，这种必然绝不仅仅是发展北京汽车工业的需要，也是韩国现代汽车实现全球化战略布局的必然选择。

韩国现代汽车创始于 1967 年，经过 30 多年的发展，现代汽车早已具备向世界超一流企业挑战的实力，并立下了 2010 年跨入世界五大汽车公司之列的雄心壮志。为了实现这一目标，现代汽车加快了其"制造外移"的步伐，开启了大力开拓海外市场战略的实施。

有着四十多年基础、具有较大存量的北京汽车工业和潜力巨大的中国轿车消费市场，正是韩国现代依托的基础，而现代汽车的先进技术和管理经验以及国际水平的设计能力，对北京汽车工业结构调整和产品升级换代也提供了绝佳的契机。

若是将韩国现代在产品开发、技术支持 、管理体系上的优势与北京汽车对中国市场的把握相结合，一定能获得 1 + 1 > 2 的效果，这是双方都具有的信心，这也是双方坚实的合作基础及互补的优势结合，同样可以为双方正式合作后各方面工作迅速推进提供充分的保障。也就是在那时，市委、市政府将目光投向了北京现代，并将北京现代确定为振兴首都现代制造业的龙头项目。然而，当时业内和社会并不看好北京汽车与韩国现代的合作，认为是"弱弱联合"。但是，这种"弱"恰恰是双方合作的基础。因为双方都知道，任何的"强"都是从"弱"开始的。

启动疾速之旅

北京现代项目是北京市委、市政府作出的重大决策，也是北京汽车工业扭转乾坤的关键一搏。

北京市委、市政府坚定信念，竭尽全力，推动轿车项目的顺利进行。2001年10月17日，时任北京市市委书记贾庆林会见了现代汽车集团会长郑梦九，就此揭开了中韩汽车合作的序幕。时任北京市市长刘淇多次召开办公会，要求把发展轿车项目作为推进全市经济结构调整、改造提升传统产业、提高现代制造业整体水平的重大举措，要求举全市之力，在政策、投资环境等方面给予北京汽车全方位的支持。

2002年4月29日，北京汽车工业控股有限公司与韩国现代自动车株式会社在北京签署战略合作协议，北京汽车与韩国现代合作的基本框架形成。

同年5月28日，时任北京市市长刘淇率北京历史上最庞大的代表团前往韩国首都汉城，见证了北京汽车工业控股有限责任公司与韩国现代汽车集团合资合同签字仪式。

2002年6月19日，北京市成立了以刘淇市长任组长、孟学农常务副市长为常务副组长的汽车工业领导小组，加大了北京汽车工业调整与重组的领导支持力度，进一步确定了北京现代汽车作为振兴北京现代制造业的龙头项目地位。

2002年7月8日，北京现代筹备组中方人员基本配备到位，围绕项目可研报告、工厂搬迁改造、人力资源招聘、党群机构组建等任务迅速开展工作。

2002 年 10 月 18 日，北京现代汽车有限公司正式挂牌成立，与此同时原工厂老设备的拆装和新设备的安装调试，旧厂房的拆迁和新厂房的建设，初期的销售网络建设，工商、税务、海关的审核登记，全国范围内招聘高级的管理和技术人才等诸多工作齐头并进，筹备组以天为单位，与时间抢速度，高效运行。

2002 年 10 月 10 日，北京现代初期营销网络建设取得突破，在京的三家 4S 店开始接受索纳塔轿车订单。

2002 年 11 月 18 日，北京现代索纳塔生产项目正式启动。

2002 年 12 月 23 日，北京现代汽车有限公司生产的第一辆京产轿车——北京现代索纳塔正式下线，圆了北京汽车人 45 年的轿车梦想。

在世界轿车发展历史上，从谈判到签约，从工厂改造到新车下线，世界汽车史的记载是平均需要 23 个月的时间，而北京现代仅用了 6 个月的时间，这一速度令世界汽车界颇感震惊。北京现代以惊人的"现代速度"书写了属于北京汽车工业史上的一个奇迹，也以实际行动证实了北京市委、市政府的高瞻远瞩和英明决策。

北京现代的疾速之旅，赢在速度，实现了速度与效益的统一，从这点看，北京现代从一开始就驶上了科学发展之路。

常规中的超常规

汽车产业是一个技术、资金、人才密集型的行业，对于北京汽车要干这么大的项目，谈何容易！？

大产出需要高投入。按照合资协议，北京现代一期投资 18 亿元，中韩双方要各掏 9 亿元。9 亿元，不是小数目。钱从哪儿来？数年亏损的北京汽车工业已囊中羞涩。

市委、市政府提出，投资方式必须创新。以位于顺义区的北京轻型汽车有限公司为基础，盘活存量资产，同时以股份制形式广开融资渠道。

众所周知，在国际上，新建一家汽车厂的资金总投入是老厂改造的4倍，老厂改造之所以节省资金，主要体现在土地、厂房和设备等种种费用支出的大幅度降低。要盘活的首先是北京轻型汽车制造厂，这个总投资加上流动资产一共16亿元的项目，自1998年通过国家验收之后，没有发挥出很好的效益，一直处于停产和半停产状态。如果北轻汽的存量资产不盘活，将造成极大的资源浪费。也正是这个存量资产，为北京现代项目撬动社会资本。

2002年6月，在有关委办局的指导下，通过重组北京汽车工业相关优势资源，设立北京汽车投资有限公司，统一作为合资企业的中方出资人，从而搭建起一个融资平台，来广泛吸引社会资本。北京汽车投资有限公司以原北京轻型汽车有限公司的土地、厂房等固定资产约4.8亿元，及北京汽车控股投资的1.7亿元现金增量为基础，先后跨地区、跨领域吸引了5家国有和民营企业加盟。

融资平台的搭建，在7天时间里就解决了北京现代的资金难题，并且创造性地为北京汽车工业搭建了可持续性融资的平台。北京汽车投资有限公司先后两期共投入资金达20多亿元，有效地解决了资金问题。融资方式的创新正是北京现代成功的关键一步。

解决了资金筹集的问题，北京现代的各项建设更是快马加鞭。

造轿车是一项大工程，方方面面的工作系统很烦琐，拿批文、选厂地、盖厂房、买设备、培训工人，等等。按常理，出车前要审批，审批又分工程立项、工商注册、产品公告等若干名目……而拿下一个批文，怎么也得一年半载；置齐全部家当，又得一年半载……掐指算来，要完成全部准备工作，没两三年下不来。

为了能够早日实现出车，其实，在合资意向确定而合同还没签订时，中韩双方就为早日出车着手准备起来了。老厂改造、新厂开工、老设备拆迁、新设备采购……所有工作都已有条不紊地展开。中方积极操办，韩方大力配合。对此，徐和谊董事长有个形象的比喻："这就好比是年轻人搞对象，既然两情相悦，打定主意要结婚，在领结婚证前先装修房子、置办家具，又有何不可？"

速度就是一切。而若想提高速度，就必须要打破常规，用最省力、省时的办法。经再三思索，大家一致认为唯一可行的办法就是各方面工作同步推进，搞"N边工程"，也就是边规划、边设计、边建设、边培训、边谈判……所有工作打破时间顺序，各方面负责人带领大家一拥而上，多头并进。北京现代放开了手脚，每个人都投入到了各自的工作当中。

北京市委、市政府和北汽控股、北汽投资公司一道，共同完成了合资项目的材料准备、谈判及报批，并积极争取中央部委的支持。参与"北京现代"项目的北京市各政府部门全力以赴，尽最大可能给予支持与配合。

其中，办手续是最耗时的工作。为了在最短的时间内跑完全部手续，北京现代成立了专门的工作小组，围绕工商、税务、海关等部门分头工作。北京市外经贸委下设的外商投资服务中心还特派两名主任驻厂指导，帮着设计工作流程，要准备哪些材料，填写哪些表格，上家是谁，下家又是谁，衔接得天衣无缝。

北京市计委、规委、财政局、工商局、外经贸委等部门通力配合，凡与该项目有关的申报手续全力督办，节约了办理时间。顺义区政府在最短的时间内拨出了土地，并按照新项目的要求做好地上物的拆迁。此外，顺

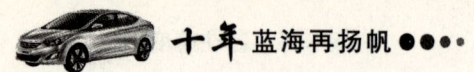

义区政府，林河工业开发区还派5名司机和5辆汽车，随时待命，一有招呼，立即出发。

北京现代在市委、市政府，顺义区政府的通力配合下，把不可能变为可能，超常规地实现了在最短的时间内完成了全部审批手续，拉开了北京现代十年辉煌发展的序幕。

创业者之歌

铁血将军

有一种使命，叫圆梦。

有一种作风，叫带头。

有一种境界，叫忘我。

这是摘自徐和谊《工作日志》当中的一段话。

2002年6月20日，这一天让徐和谊刻骨铭心。时任北京市市委书记的贾庆林同志找时任北京市委工业工委副书记、市经委副主任的徐和谊谈话，希望他成为北京现代项目的负责人，肩负起振兴首都现代制造业的神圣使命。贾庆林指出，北京现代汽车项目是北京汽车工业的最后一搏，要背水一战，抓紧、抓紧、再抓紧。他对徐和谊提出三点要求，一要生产好的产品，二要培养一支优秀的人才队伍，三要把北京现代办成合资企业的样板。

这个担子让他觉得热血沸腾。从那一天起，徐和谊完成了从政府官员到企业人的转变，一门心思地开始干起了汽车！

时至今日，大家仍然很难想象，使北京汽车"起死回生"的徐和谊竟然是一个学钢铁专业出身的。1978 年考大学填报专业时，徐和谊选择了炼铁专业。"炼铁是男人干的"这是他当时对钢铁行业的评价。大学毕业后如愿进入首钢的徐和谊，顺着首钢副总经理、北京市经济委员会和北京市委工业工委副主任的路子一路走了过来。这一路的 20 年，锻造了一个钟情北京工业的徐和谊，也造就了一个不怕困难、敢打硬仗的徐和谊。

用徐和谊，是用他那扎实的工作推进能力。坐而论道，不是徐和谊的风格。"再难的事情，徐和谊不睡觉也要解决。"很多领导都有这样的感觉。不得不说，让徐和谊挑起北京现代的大梁，也是北京市委、市政府对北京现代、北京汽车工业的又一项鼎力支持。

在许多人看来，2002 年的北京要上轿车项目，合作对象又是人们不太熟悉的韩国汽车，胜算并不大。然而，在徐和谊的眼里，这次机会是以"伪装困难"的形式出现的：困难是有的，但只是表象；北京上轿车项目也有许多优势。识破"伪装困难"的徐和谊，就这样义无反顾地挑起了这场恶战的一线指挥的担子。

"记得那是北京现代正式挂牌前，为了征求老领导、老专家对北京现代上马的意见，我带着当时市经委的同志走访了北京市的几位老领导。当时有冯克，他是北京汽车制造厂的第一任厂长。"徐和谊回忆道："冯老对我们讲，北京制造出中国第一辆轿车——'井冈山'牌，北京人的轿车梦一做就是 45 年啦！我干了大半辈子汽车，没在北京干成轿车，遗憾终身啊！说完，两行老泪潸然而下。此情此景，让我刻骨难忘。当时，我就立志，为了圆北京人的轿车梦，我将义无反顾"。

徐和谊跟领导谈话 20 天后，北京现代领导班子正式成立。徐和谊也随即把自己的铺盖从石景山的家中搬到了北京现代筹备组，住进了北京顺义的厂区。当时业界有人说，北京现代是"弱弱联合"的产物。这让徐和谊很不服气，也成了他励志的"磨刀石"。

就连徐和谊自己也没有想到，他在这里的第一仗竟然是指挥清除杂草。北京现代厂房是由北京轻型汽车有限公司的旧厂房改造而来的。现在说起来也许很多人不信：当时，号称"十年规划、十年建成"的北京轻型汽车有限公司，厂区里有些地方的杂草甚至高过人。徐和谊说，这些草不仅长在厂区里，也长在北京汽车人的心里。于是，他带领着筹备组的领导干部，几百人手拿镰刀，一把一把地亲手除掉了一人高的荒草，整洁了北京现代厂区，也素净了北京现代人的心灵。紧接着，清理完杂草的徐和谊"大军"，迅速展开了重整旧厂房、改造旧设备、扩充旧能源管道，一切工作都在徐和谊的领导下有条不紊地进行。仅仅用了4个月时间，工厂被整备一新。

了解徐和谊的人都知道，他有个绰号叫"拼命三郎"。然而，"拼命三郎"深深懂得，简单拼命，搞不出一个现代化的汽车工厂。在他心里，北京现代必须建成一流的企业，而这是需要一流的人才来完成的。他的"要人"条件得到了市里的支持：凡是北京现代需要的，北京市政府各部门尽全力支持。与此同时，全国各地的汽车精英，也都被徐和谊招到了北京现代。就这样，一个实力强劲的"人才群"形成了，摆在徐和谊面前的是下一步如何带领大家往前冲的问题。

事实上，人们看到的是：这支队伍，跟着这个智慧型的"拼命三郎"，两年之内打出了北京现代的一番事业。成立之初的两年，北京现代以"疾速之旅"而闻名，而徐和谊总是冲在"疾速之旅"的最前面。

徐和谊大学本科是学工业设计的，加上在首钢工作中积累了丰富的建设经验，形成了完整、有效的思路。为了赶速度，徐和谊不赞成等什么都建好了再生产的常规思路。他主张边建设、边生产。北京现代在厂房改、扩建过程中，走的都是这条路。

为了保证第一辆索纳塔轿车的顺利下线，徐和谊要求车间边改造边生产，这边是大兴土木，那边是照生产不误，两者之间只隔着塑料棚布。这个办法节省了很多时间，保证了第一辆索纳塔轿车如期缓缓驶下生产线。

2002 年 12 月 23 日，是北京人梦想成真的日子，北京生产的第一辆"索纳塔"轿车顺利下线。在北京饭店金色大厅举办的"索纳塔"新车发布仪式上，徐和谊饱含深情的演讲《为了一个梦想》，他最后讲到：北京人的轿车梦圆了！

这时，徐和谊的嗓音哽咽了，台下听众的眼眶湿润了。徐和谊，北京现代的铁血将军，他用对北京工业的无限忠诚，创造了北京现代的"现代速度"，也开启了北京汽车新世纪腾飞的辉煌篇章！

国旗下的誓言

为了完成市委、市政府的重托，为了能使北京人的轿车梦早日实现，北京现代人无路可退，只能全力以赴、奋力拼搏。

在公司临时党委的领导下，全体北京现代人没有畏惧，而是充分发扬了知难而进，志在必得的精神。为了保证后续生产工作能够顺利进行，有一件事必须提前着手准备，那就是要培训出一批有知识、有技术、懂管理的人才。

千急万急，抓好人才培养是当务之急，北京现代公司党委清醒地认识到了这一点。2002 年 9 月 12 日，20 名来自北汽的优秀员工作为北京现代的首批员工进入总装车间。经过紧张而严格的出国前培训，9 月 29 日，他们组成了北京现代项目的第一批外出培训团，肩负着市委、市政府和全体市民的期望，为早日圆上北京人 45 年的轿车梦，踏上了异国他乡，到韩国现代学习索纳塔的总装技术。

临行前，团长宋顺生紧紧地握住党委书记、董事长徐和谊的手说："请您放心，我们一定不会辜负公司党委的重托，一定会圆满完成任务！"

以往，不管哪个国家的学员到韩国学习，韩方从来不让对方上生产装配线，中方学员也不例外。记得第一天，韩国的教官问他们："你们从哪里来的？"在得知他们来自北京现代时，只见韩国教官眉角微微一皱，轻轻晃了晃头，似乎是在质疑他们：你们行吗？

然而几天过后，20 名中国员工的能力就得到了韩方的认可。

当时正好赶上韩国人过开天节，韩方的很多员工放假休息了，于是 20 名优秀的北京现代员工走上了韩国的流水线，承担起了休假的韩国员工的工作。有的员工甚至一个人干三个工位的工作，这样一天算下来，他们竟安装了 500 辆车。

回忆起当年那段去韩国培训学习的经历，学员们说："在他们的流水线上，我们是一边干活，一边做笔记，把风枪撂下拿起笔，撂下笔拿起风枪。"

在那里，早上五点多钟他们就要起床，开早会布置一天的工作，然后乘车经过半个小时的山路去工厂。每天在生产线上，按照每名员工负责的工艺区域，细心听取韩国教官讲解装配工艺，按工位逐一实践，并将每一个零件、每一个零件编号记在笔记本上，晚上他们从工厂回到宿舍，立即进行每天的工作总结，整理一天的笔记，仔细回忆当天的操作技能，唯恐漏掉每一个细小的环节。

对于从未接触过轿车装配的员工来说，要在 20 天的时间内，学完北京现代第一款车——索纳塔的装配技术和操作技能，真是有不小的难度。20 名员工都没有出国的经历，语言障碍是一大关，给他们的资料都是英文和韩文，而且都是专业术语，查字典都查不着，所以非常困难。语言不通他们就认真观察韩国教官的每一个动作要领，有机会就动手实践。由于水土不服，很多人吃不惯韩国的饭菜，只好改吃酱油泡米饭。

在韩国现代，韩方的管理和要求都非常严格，但中国员工的敬业精神、共产党员的模范作用都给韩方留下了深刻的印象。在结束培训前他们用自己所掌握的装配技术，按工艺要求完成了五辆索纳塔的装配，韩方教官看到完全达到工艺要求的索纳塔，笑着对他们竖起大拇指说：Chinese OK！

国庆节期间，他们不能回国欢度节日，更没有七天长假。但是，他们在异国他乡用一种特殊的方式在庆祝伟大祖国的生日——在一面五星红旗上面写下自己的誓言，签下自己的姓名！10 月 20 日，20 名员工带着喜悦和收获，出色完成了培训任务胜利归来。

在机场，当徐和谊董事长将鲜花递到培训团团长宋顺生手中的时候，宋顺生从包里拿出叠得整整齐齐的国旗，对徐书记说："书记，我们胜利地完成了培训任务，这是全团人员送给您的礼物。"

徐和谊书记轻轻地打开这面五星红旗，眼光一下子被红旗上的誓言和名字吸引住了。他一手托着签满字的红旗，一手紧握着宋顺生的手，激动地说："这就是我们的员工！这就是我们的希望！"

2002 年 10 月 20 日，圆满完成培训学习任务的 20 名员工放下行李，立即投入到了紧张的生产工作当中。虽然各种生产条件还不十分成熟，但 2000 辆轿车的生产任务不能等。在时间紧、任务重的情况下，车间成立了以党、团员为骨干的青年突击队，知难而上，硬是 24 小时吃住在流水线上，掀起了北京现代生产一线员工的工作高潮。许多人的双手被冻得裂开了口子，流出了鲜血，没有一个人叫苦叫累。车间一对新婚夫妇，为参加投产前的员工培训未休一天婚假，在生产线上度过了"蜜月"。有人问他们，为什么不休息两天，他们说："工作需要我们，我们属于这个集体。"短短一个多月的时间，180 多名新员工、实习生就是在这样一种条件下，接受完成了 5 万辆生产线、62 个工位、几千个零件总成的工艺装配的严格训练，保质保量地完成了生产任务。由此，他们也得到了一个称号——"铁军"！

一面签满名字的国旗，一段振奋人心的故事，国旗下的誓言激励着一代又一代北京现代人顽强拼搏，奋勇向前！

用实干诠释速度奇迹

2003 年一季度，北京现代冲压、焊接、涂装、总装等四大工艺全面启动，并完成年产 5 万辆产能的技术改造，全面实现了 CKD 生产。其中，冲压车间于 2003 年 2 月完成改造，建成了 3 条大型压床生产线，实现了大型冲压件的自主生产。

总装车间于 2002 年 12 月建成投产，生产工位 66 个，生产能力为 13UPH。

车身车间于 2003 年 1 月建成投产，已有 18 台机器人投入到生产线，达到了 14UPH 的设计生产能力，焊接自动化率为 28%。

涂装车间于 2003 年 1 月建成投产，已有两台机器人投入到生产线中生产，生产能力为 12UPH。

发动机厂于 2002 年底开始投资兴建，投资额 4900 万美元，2004 年初建成投产，年生产能力为 10 万台。

由于国内汽车市场竞争日益激烈，为了确保北京现代能够后来居上，稳步发展，北京现代确立了企业实施跨越式发展战略。2003 年，在实现 5 万辆生产目标的基础上，公司在 2004 年年初对四大工艺和发动机厂进行了进一步的扩能改造，达到 10 万辆的生产能力。冲压车间在原有的厂房面积基础上，将当时的 38% 的自动化率提高到 50%，生产品种由现有的 32 种增加到 64 种；车身车间扩建面积约 1．6 万平方米，作业线上大量补充机器人，提高自动化率；涂装车间也新建 1．5 万多平方米的厂房，涂漆颜色由现在的 5 种增加到 13 种；总装车间扩建 3 万多平方米，生产能力翻番；发动机厂新建厂房面积 2．2 万平方米，采用大量的数控设备。

据参加过 2002 年 10 月北京现代成立仪式的记者回忆，当时，北京现代车间改造还没有全部完成，许多生产设备尚没有调试安装。可是两个月后，第一辆国产索纳塔轿车却奇迹般地从装饰一新的生产车间下线。北京现代的成功使得北京汽车赢来了转机，用北汽高层的话就是，北京汽车的利润来自北京现代。北京汽车之所以后来能够与戴克达成协议，将奔驰轿车引入北京，很大程度是因为德国人从北京现代的发展中看到了希望。

在北京市委、市政府的支持和帮助下，在全体北京现代人的努力实干下，在短短的一年多时间里，北京现代创造了也许只有自己才能超越的速度。在汽车发展的历史长河中，在北京现代的未来发展道路上，一年可能只是惊鸿一瞥，然而刚刚成立一年的北京现代却接连创下了"关于速度的奇迹"，给北京经济，也给中国汽车工业留下了重重的一笔。

北京现代的奏鸣曲

筑起现代制造业的产业链

2003 年 12 月 23 日，北京现代开业一年后，第二款轿车"伊兰特"惊艳亮相。一年前启动的是一家轿车制造厂，一年后兴起的是包括 57 家配套厂、100 家专卖店在内的汽车产业群。北京人可喜地看到，北京现代产生了"聚合效应"。

按照经济理论上的测算，汽车业每 1 元的产值，能带动上下游产业 2.5 元的产值；汽车业每 1 个就业岗位，能带动上下游产业 10 个就业岗位。成立一年的北京现代把这个测算变成了现实——一条生机勃勃的汽车产业链正在北京区域快速形成。

据统计，2003 年，北京现代生产汽车 5.5 万辆，57 家配套商提供了近 500 种国产零部件，总值近 40 亿元，已有 1 万人就业于北京现代及其相关企业。与此同时，北京现代销售"索纳塔"轿车 5.2 万辆，100 家经销商销售网络覆盖京城并辐射全国 30 多个省、市、自治区。江森投资，摩比斯建厂，伟世通开工……北京现代成立一年间，18 家世界级和国内知名配套厂落户京城，协议引资 54.7 亿元。2003 年，这些企业为北京贡献产值多达 30 亿元，也使北京现代汽车国产化率一冲而上 70%。

不低于 40% 的国产化率——国家有关汽车生产的这条规定，对哪个整车企业来说都是绕不过去的坎儿。从成立之日起，北京现代就在努力提高自己的国产化率。万都公司的汽车底盘，北京星宇中车科技公司的汽车仪表，福建的汽车玻璃⋯⋯在它们的装备下，2003 年 2 月，北京现代一举通过了 40% 的国产化率验收。此时距其成立仅 4 个月。这 40% 令人垂涎的大蛋糕，也使全国 100 多家配件商闻风而来。中韩双方优中选优，57 家企业幸运入选。

一度跌入低谷的北京汽车工业原有配件厂，也从北京现代的崛起中觅到生机。长时间悄无声息的北京汽车软轴厂、北京注塑厂、北京汽车靠垫厂等厂家，如今，由于"索纳塔"配件订货的增长，这些厂内已是机器声隆隆，生产线一派繁忙。2003 年，北京软轴厂销售收入近亿元，效益翻了好几番，大家不禁赞叹，这一年，真是"久旱逢甘霖"！

北京现代通过购买进口设备、模具，同时对原有设备进行改造，到2003 年 8 月，冲压车间、车身车间、涂装车间完成全部车身零部件试制，实现"索纳塔"车身的国产化，并将国产化率提升到 70%。

据不完全统计，2003 年，服务于北京现代的配套企业为北京市贡献产值 30 多亿元，上缴税收 5 亿元，吸纳就业近 7000 人。

北京现代崛起，相关服务业乘势而上，汽车零售、人才培训、房地产、餐饮⋯⋯从地方国有到个体私营，随现代产业链转起一个巨大产业群。

紧接着，社会化的售后服务体系也快步跟上，功能强大的呼叫中心开通了，上百个座席 24 小时在线；反应灵敏的维修网络建成了，30 多家维修站联合行动；国际最先进的售后跟踪系统启用了，20 多名技术员随时与客户保持联系⋯⋯这条服务链还在延伸⋯⋯

作为振兴北京现代制造业的龙头项目，北京现代不辱使命，它为北京汽车工业 2003 年实现销售收入 300 亿元，对全市工业增长的贡献率超过

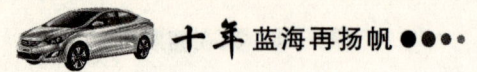

40%，作出了巨大贡献。

北京现代的快速启动，对北京汽车工业来讲，功莫大焉。它为北京汽车又添一翼，使北京汽车工业一鼓作气，扭亏为赢。在北京现代与北汽福田的共同带动下，北京汽车工业开始展翅高飞。

激昂的"索纳塔"奏鸣曲

2002年12月23日，北京现代第一款新车——索纳塔下线了。在音乐声中，"索纳塔"有另外一个好听的名字，叫"奏鸣曲"。"奏鸣曲"是古典音乐流派中常用的音乐体裁，也暗示了"索纳塔"汽车古典高雅的气质。

在北京现代，"索纳塔"应该蕴涵着两层意思，一层意思是轿车本身的古典高雅，另一层意思代表着北京现代的第一款新车将为公司未来前进之路拉开大幕，为旗开得胜而奏鸣。

北京现代的第一辆索纳塔轿车，牵动着数千万人的心，一双双渴望的眼神期盼着，一个个梦想燃烧着……因为大家都知道它成功顺利下线的意义将是什么——不仅圆了北京汽车工业的轿车梦，同时也标志着北京汽车工业在发展战略上成功地实现了跨越，甚至还预示着一座现代化的汽车城将在北京顺义崛起。

2002年12月23日，北京现代索纳塔轿车下线庆典暨新车发布会在北京饭店隆重举行，第一批北京现代索纳塔轿车投放市场，北京现代以高品质汽车和全新企业形象亮相京城。

正如"索纳塔"的名字一样，在全体北京现代人的共同努力下，北京现代的奏鸣曲顺利奏响了。经销商们对北京现代的成功充满信心，大家踊跃加盟，首座4S店——京汉新港绚丽落户长安街边。北京市场对索纳塔反响热烈，上市首日就订出上百辆汽车。而北京现代也仅凭"索纳塔"一款车型，实现了当年投产、当年盈利、当年收回投资的业界神话。

人们青睐"索纳塔"，是由于他是北京现代引进韩国现代最成功而成熟的车型。

它以对人性化设计的尊崇，将现代简约美学和古典风格融为一体，气质高贵、设计时尚、性能优良、配置齐全，其在动力性、燃油经济性、安全性、环保等方面均优于对比车型。

作为中高级轿车，无论在韩国市场还是在以美国为主的海外市场，"索纳塔"都取得了良好的业绩。目前索纳塔轿车在北美市场名列进口轿车销量第一，在印度也居市场占有率首位。一直以来，搭载四缸2.0L发动机的索纳塔，在韩国市场始终保持最高的市场占有率，而搭载六缸2.7L发动机的车型，则在韩国公务车市场上独占鳌头。这些数据，无疑可以满足消费者多元化的需求。

2003年10月，北京现代初产销量双双突破4万辆，国产化率达到64%，国内配套企业超过50家。2003年的中国汽车工业协会的统计数据表明，北京现代在利润率、资产回报率、全员劳动生产率等多项反映企业效益状况的经营指标上，均在轿车生产企业排名中名列前茅。这对于一个成立不到一年的企业来讲，的确是一个了不起的成就。由于北京现代创造出的巨大成就，无疑是北京振兴现代制造业的成功写照。

"索纳塔"的成功上市，使低迷中的北京汽车工业迸发出新的活力。

强劲的"伊兰特"旋风

2003年，是我国轿车业在历史上增幅最高的一年，轿车总产量为203

万辆，比上一年增长了86%。在随后的2004年，轿车行业的好日子遭遇到了"拐点"，不管什么车，只要生产出来就能卖掉赚钱的好时候一去不复返。这年5月全国汽车总销量下滑20%，轿车库存占到总产量的20%以上。

在这样一个轿车市场环境下，2003年12月23日，北京现代第二款新车"伊兰特"上市了，其耀眼光芒不但没有因市场竞争变得血腥而受影响，反倒是逆市而上创造了车市的销售神话，并一举摘得"家轿之王"的桂冠。

之所以能取得骄人的成绩，其产品的市场定位和性价比才是关键，作为继"索纳塔"之后一款更加明确地定位在私家轿车市场的中级车型，"伊兰特"从上市之初就备受关注。其时尚大气的外形，以及简洁明了的内饰都比较符合消费者的口味。操控性能上，"伊兰特"也以轻巧著称，再加上并不算高的价格定位，使其迅速占领了国产中级轿车市场的相当份额。

作为韩国车系在中国的代表车型，"伊兰特"融合了日系车、美系车的特点，在操控及燃油经济性方面贴近日系车型，而外形则吸收了美系车的大气，虽然特点并不明显，但是均衡的性能确实具有很大的优势，经济耐用的特点也使其一举成为北京出租车的主力车型之一。

"伊兰特"是典型的韩国车，作为现代公司在海外销售业绩最好的车型，它已经经历了六代。北京现代伊兰特是在其第六代车型的基础上，根据中国路况和气候环境改进而来，自2003年上市以来，就凭借丰富的配置和相对较高的性价比受到消费者的强烈关注和一致好评。

当时的车市，以桑塔纳、捷达、富康为代表的"老三样"雄风犹在，而以伊兰特、福美来和凯越为代表的"新三样"已开始在车市风生水起。

在这场没有硝烟的战争中，"新三样"显然是后来者居上。在各大厂商绞尽脑汁、纷纷推出不同的营销策略时，2004年作为新车型的"伊兰特"在车市刮起了一股抢购旋风，同时成为北京现代第一款年销量十万辆的金牌车型，也为北京现代奠定了在行业中的地位。

恰到好处的营销策略对每一款车的销量起着重要拉动作用。在一些厂商利用展会、网络、明星等各种方式来力求改善销售不良局面时，在一些老厂商不情愿地打起"降价、优惠"的大旗时，北京现代的中韩双方经过科学而精细的决策，使得伊兰特上市后捷报频传、广受好评，北京现代经营进入行业前列。

伊兰特成功了，而其秘诀是什么，都运用了哪些策略和战略，恐怕这是外界很多人都想知道的秘密。"靠完美的汽车开辟最好的生活"也许是最重要的因素，凭借着"产品与技术全球同步"、"性价比最优的产品和周到满意的服务"，北京现代的品牌内涵和品牌美誉度日渐在消费者心中悄悄生根发芽。

从价格方面而言，"中价入市"价格策略是其成功的基础。早在2003年7月份，北京现代进行了一场"伊兰特"上市前的大规模调查。同样，"伊兰特"上市前一个月，北京现代聘请专业调查公司对"伊兰特"的上市价格作了最后的调查。此次调查在全国的范围内展开，选取有代表性的城市，抽取了一千多个样本，根据市场和消费者的反映，最终锁定了价格区间。事实证明，"伊兰特"的定价策略与同类车型相比是成功的。因为以同样的价格，买"伊兰特"的消费者可以买到配置更齐全、性价比更高的车型。

开放式、透明化的上市策略使"伊兰特"备受推崇。与有些品牌的新款推出时的故弄玄虚不同，开放式、透明化的上市策略使伊兰特备受推崇。2003 年 9 月，北京现代就开始为伊兰特的上市作准备。先后组织国内媒体、消费者、经销商去韩国现代实地采访，试乘试驾伊兰特，参观韩国现代工厂车间、生产线，系统了解韩国现代先进的制造技术、精良的制造工艺和卓越的产品性能。

步步为营的营销策略使得"伊兰特"品牌不断深入人心。2004 年 4 月，北京现代举办了声势浩大的 1800 名用户访问北京现代工厂活动，自动化、高精度的生产技术进一步强化了用户对产品的信心。同年 5 月，"伊兰特"在"德国 Autobahn 的无限速试乘试驾"活动更让用户领会到了"伊兰特"强劲的动力和卓越的性能。同时，在北京现代的总体掌控、各地特约店的积极配合下，各种针对用户的自驾游活动不仅考验了产品质量，更赢得了用户的心。

企业品牌推广活动提升了企业品牌的知名度和美誉度。北京现代通过一系列的企业品牌推广活动，如赞助亚洲杯、举办"携手北京现代，共创绿色未来——2004 北京现代大学生绿色环保夏令营"等活动，在提升企业品牌知名度和美誉度的同时，更让"伊兰特"的知名度和销售业绩得到迅速提升。

北京现代的快速发展，远远超出了中韩双方的预期。伴着"索纳塔"和"伊兰特"的持续畅销，人们对北京现代的发展刮目相看，这两款车型的成功推出，也为北京现代未来的跨越式发展奠定了坚实的产品基础。

第二章　谋定思动

2004 年，作为一支新秀的北京现代逆市增长，以全年 14.41 万辆的销售成绩完美收官，在市场上确立了地位。凭借"盘活存量、滚动发展、强势入市、以快制胜、精益运营"二十字经营方针，2005 年北京现代意气风发、再接再厉，连续两年分别实现了 23.37 万辆、29 万辆的销售成绩，同时还成功地推出了两款新车"SUV 途胜"和"雅绅特"。

北京现代顺势而为，徐和谊董事长审时度势，提出了"从弱者到强者的角色转变，从跟随者到领先者的地位转变，从拓荒者到耕耘者的方式转变"。而为了满足企业下一步发展需要，北京现代未雨绸缪，决定建立年产能 30 万辆的第二工厂。

某些时候速度是"双刃剑"，速度既可以迎来机遇获得成功，也会暴露出问题导致危机。2007 年 8 月 20 日北京现代发动机第二工厂正式竣工投产和销量上的首次下滑就说明了这一点。

辩证的看待速度，北京现代明确思路、主动调整、隐忍待发……

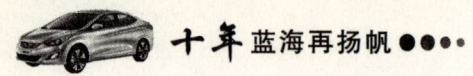

逆市扬顺势而为

两个"冠军"的背后

"黑五月"、"六月雪"、"七月霜"、"消失的金九银十"……这些曾经令无数汽车人触目惊心的词汇集体爆发在 2004 年。在经过了井喷式增长的 2002 年和 2003 年后，中国汽车市场对 2004 年充满了期待，然而，出乎所有人的意料，中国汽车市场从 2004 年 5 月开始出现了严重的下滑，6 月、7 月，持续下滑的销售数据仿佛向世人昭示着，中国汽车市场的"冰河期"已经来临。

在 2004 年前的几年中，中国车市一直是爆发式增长行情：2002 年，全国轿车销量增长 50%，达到 120 万辆；2003 年更是实现 76% 的超速增长，达到 210 万辆。而 2004 年增长率仅为 20%，销量达到 250 万辆。2004 年一季度全国轿车销量与上年同期相比增长 43%，然而到了三季度，却只剩下 1.9%。由于销量严重下降，导致停放在整车厂内和砸在经销商手里卖不掉的轿车库存达到了几十万辆之多。

面对日益高涨的库存，厂家似乎有些一筹莫展，降价便成了最常用的促销手段。在形势如此严峻的情况下，北京现代 2004 年却以高达 170% 的增长率、近 15 万辆的销量一举跃入国内轿车五强之列，这也突出彰显了北京现代卓越的产品品质和良好的市场基础。

　　与 2004 年日渐下滑的车市行情相比，2005 年的中国汽车市场出乎所有人的意料，非但没有一落到底，相反还以 2004 年年底的形势为底线稳步上升。在逐步上升的过程中，中国汽车市场"平稳"度过了 2005 年。

　　2005 年 1 月，北京现代迎来了开门红，销量达到了 20508 辆，同比增长高达 214.8%，北京现代不仅突破了月销量 2 万辆的历史记录，而且一举获得了两项销量冠军：北京现代以 20508 辆的成绩，获得了轿车企业月总体销量冠军，伊兰特以 16000 辆的成绩再夺月单一车型销量冠军。北京现代成为中国汽车业脚步最稳、成长最快的轿车企业。

　　与国内其他汽车生产厂家以打价格战来拉动销量的策略不同，北京现代在 2005 年 1 月，并未进行任何降价或者新品推出活动，是所有汽车厂家中唯一一家既未降价，又无新品，但销量却出现同比、环比双增长的企业。

　　是什么力量使得消费者对一个上市刚刚两年的企业如此信赖？答案很简单，北京现代持续高速增长，依靠的就是质量经营的管理理念、卓越的产品性能、贴近用户需求的服务，以及灵活的营销策略。从成立开始，北京现代一贯坚持"中国和全球同步"经营战略，而这一举措终于使北京现代成长为国人喜爱的汽车品牌，建立了持续的优势和核心竞争力。北京现代的品牌效应迅速展现，不仅加强了自身的综合实力，也同时有效地提升了"北京制造"的品牌形象。

　　北京现代无疑是 2005 年 1 月份中国汽车车市的最大赢家。面对越来越多的消费者信任，北京现代没有骄傲，而是将目光锁定在了另一个更具有挑战性的领域——中国的出租车市场。

　　出租车市场是检验汽车产品品质最残酷的战场。车辆的耐用性、故障率、养护费用、合理的配件价格、维修的便利性以及配置、驾乘的舒适性都是出租业主关注的焦点，因此，出租行业是对车辆综合要求最高的行业之一，而这也是很多轿车厂家不敢轻易"染指"出租车市场的一个主要原因。

在徐和谊董事长的眼中，出租车市场不仅是展示北京现代卓越产品品质的最佳舞台，也是有效、广泛提高品牌知名度的一条重要途径。在徐和谊的带领下，北京现代销售团队展开了针对出租车市场的攻坚战。

2005年2月2日，北京现代伊兰特出租车发车仪式在北京会议中心举行，标志着北京现代全面进军出租车领域。随后不久，北汽、首汽、渔阳、北方、北创、金建等出租公司，在这次出租车更新过程中都选择了北京现代的产品，有索纳塔也有伊兰特。

在出租车发车仪式上，北京现代描述了北京出租车的未来：北京市内一辆辆新索纳塔和新伊兰特出租车就像一朵朵优美舞动的火光在装点着我们的城市，相信在不久的将来，随着北京现代索纳塔和伊兰特出租车的陆续投入使用，这一朵朵舞动的火光定将成燎原之势。

目前，北京现代出租车在北京、南京、杭州、广州、长沙、宁波、佛山、中山等城市的出租车市场都斩获颇丰，成为最具市场竞争力的一款出租车车型。而经由出租车市场的残酷考验，北京现代的产品品质获得更进一步的认可，越来越多的消费者对北京现代轿车的品质有了更加深刻的认识，北京现代的出租车不仅成为城市的名片，也成为产品品质的有力证明，成为消费者的首选车型。在全国范围内，北京现代的索纳塔和伊兰特，品质效应不断加强，组成了一条亮丽的风景线！

发展之道在于品质

将主力车型悉数放在出租车市场经受最严酷的考验，北京现代之所以敢于做出这样的决定，正是基于对产品品质的信心，以及通过各种方式来证明品质的决心。

"以前现代汽车像是海滩上的一个小孩子，无人会注意。但是现在没有人会忽视它。"汽车市场顾问执行副总裁 Jim Sanfillippo 的评价同样缘于"现代效率"。1999 年以来，现代汽车在美国市场经历了爆发式增长，销量增幅400％，2004 年一跃成为美国第四大汽车进口商、美国市场增长最快的汽车品牌。这一惊人成绩的取得与现代汽车郑梦九会长的经营理念有很大关系。郑梦九从现代在美国市场的发展历程中意识到，光靠价格低廉不能打造出强有力的品牌，更不能作为一个公司的基本策略；成功的品牌必须有过硬的产品支持，而产品必须有良好的质量做基础，否则一切都是空谈。因此他以"顾客第一，质量第一"为准则狠抓产品品质，通过彻底地执行"不良率为零"的原则，不断改进产品研发、生产线管理和质量控制等流程，打造世界知名汽车品牌，现代汽车品牌也一步步赢得了全世界消费者的信赖。

同样的，现代品牌在中国的影响力同样有着先天的弱势，远不及大众、本田等企业。北京现代成立之初还济济无名，但北京现代依托现代汽车从韩国引进并推广到全球范围的先进平台，只用了三年时间就迅速成长为一个富有活力的上升品牌，一个让竞争对手尊重的对手。凭借准确的定位、卓越的产品和灵活的营销策略，北京现代迅速跻身中国汽车行业第一梯队，并赋予现代汽车以"价值与品质完美结合"的新内涵。

徐和谊董事长在 2005 年的一个论坛上指出，北京现代正力图在中国营造一个大众汽车品牌。所谓"大众品牌"就是适合多数消费者需求的高品质、价格适中的汽车品牌。伊兰特的成功更加坚定了北京现代营造大众类型汽车品牌的决心。为此，北京现代从三个方面开展了一系列卓有成效的努力。

打造过硬的产品品质。北京现代推出的第一款主力车型索纳塔，从诞生至今经历了世界上一百多个国家的气候和路况考验，被美国国际权威消费者调研机构 J. D. Power 多次评为第一，是一款十分成熟的车型。然而在北京现代投产之前，索纳塔再一次经历了精心的"打量"。为开发符合中国道路、环境、燃料和顾客使用等条件的轿车，北京现代在设计上使发动机、底盘、车体以及各环境指标等均符合中国实情，以具有较高信赖度的精密检测车，实施 10 万公里行走耐久、酷暑、高寒、沙漠地区的实车耐久试验。国产化部件全部选定那些具备相当经验和相当实力的著名企业的产品，在部件开发过程中必须具备最佳的部件设计能力和世界知名品牌的生产设备，同时辅以可靠的试验标准、业务标准，使生产出来的国产部件与进口品有同等的品质。

用精细的管理和先进的设备保证生产。北京现代 2005 年 5 月完成了 30 万辆改造工程，在当时拥有国内机器人数量最多，自动化率最高，质量控制最为严格的发动机与整车生产线。发动机生产采用了统计管理系统、整机试漏仪、可视系统等多种先进技术和设备加强了质量管理，使其质量监测更为严格。工厂的宣传板上张贴着很多普通员工和技术工作人员对生产技术的合理化建议和改进办法。在生产管理中，北京现代坚持全面贯彻实施"5S 现场管理"。生产工序上的员工同时担负着质量检测的任务，然后再由专职检测人员复检。整车下线后，工程师还要对所有车辆进行 100% 的整车检测，专业的检测设备和检测人员能够确保只有完全合格的产品才能驶出轿车厂车间。在所有的车辆被装车运走以前，还要由销售部门从售后和用户的角度来检查，一些非工程方面的缺陷也会在这里被检查出来。真正落实北京现代所制定的"让顾客享受超值，抓质量命脉，促持续改进，造世界级汽车"的质量方针。

提供优质周到的售后服务。卓越的技术品质是造就品牌、建立市场信心的基础，而优良的服务品质则是维护品牌、巩固市场信心的保证。北京现代非常清楚品牌的重要性。为了让用户增强对北京现代产品的信心，提升北京现代产品和品牌的美誉度，北京现代在服务网络建设的投入也非常巨大和迅速。2005 年年中，北京现代在全国的 4S 店已经达到 270 家。北京现代不仅建立了严格的 4S 经销商和特约维修店的考核制度，定期进行专业培训，提高特约店工作人员的服务水平，不定期抽查各地的服务情况，而且，北京现代的高层领导也会不定期视察 4S 店，听取意见和建议，改进管理模式，同时对售后服务提出更高的要求。

在北京现代服务网络硬件建设规模化发展的同时，服务品质则在向纵深发展。2004 年是北京现代大力推行"零距离"售后服务的一年，推出了"一、二、三、四"的服务措施：坚持一个服务理念，即"零距离的温暖"；发挥两个特点，即严谨、快捷的服务体系，优质、实惠的服务费用；力争三个 100%，即服务及时达到 100%（本市 2 小时到位，边远地区 24 小时到位）、服务彻底达到 100%、收费合理达到 100%；实施四项免费政策，即免费新车准备、免费首次保养、新车 2 年 6 万公里免费质量担保、配件 12 个月免费质量担保。2005 年，北京现代正式推出了服务品牌"真心伴全程"。

经过几十年的发展，中国的汽车业已经进入了一个相对成熟的时期，对汽车市场的争夺也进入了空前激烈的阶段，为消费者提供更有竞争力的产品和服务，是北京现代矢志不渝的目标，更是对企业宗旨"追求卓越品质，共创幸福生活"的美好诠释。

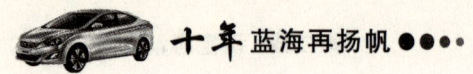

"三个转变"换"角色"

2005年7月，北京现代推出的新款车"途胜"再次一炮走红；9月份，又推出了旗舰产品"御翔"，这是北京现代在成立不到三年的时间里推出的第四款产品。三年不到推出了4款新车，北京现代超额完成了对消费者一年一个新产品的承诺。

新款车"御翔"的推出，是北京现代进军高档轿车市场、提升品牌价值的重要组成部分。三年来，在不断的质疑声中，北京现代一步一个脚印，用过硬的质量坚定了消费者的信心，用优异的品质换来消费者的认同，用自信、奋进的品牌形象不断给消费者带来更好的品牌体验。

2005年10月，北京现代成立三周年。此时的北京现代工厂经改造后，生产能力已达到每小时66辆，拥有了真正意义上的30万辆的产能。短短的三年内就做到了如此的规模，这无疑是世界汽车行业的一个壮举，而这一惊人成果的取得也更增进了北京现代人的自信心和自豪感。

有志者，事竟成。在这个信念的支持下，北京现代取得了一个又一个成果。在生产方面，北京现代构建30万辆生产体系的计划圆满完成；在销售方面，以工作日为基准，北京现代同样取得了日销量940台的好成绩。

2005年是北京现代的丰收年。和前期相比，北京现代在2005年最大的进步主要表现在两个方面：一是量的扩张，二是质的飞跃。在量的扩张上，业界有目共睹，北京现代实现了30万辆年产能的经济规模，每月产销汽车2万余辆；在拥有近70家零配件供应企业的同时，经销商也发展到了230多家，另外，北京现代发展了80家特约服务站。

北京现代不仅跻身国内轿车企业的第一阵营，拥有自动化率最高的生产线，具备了完善的质量控制体系，用集群化发展的模式建设起完善的零部件配套供应体系，更为重要的是，北京现代的销售服务网络开始显示出越来越强大的力量。

尽管北京现代进步神速，但仔细审视，却发现自身与行业"领头羊"之间仍然存在巨大的差距。这种差距，是企业想要保持基业长青所必须面对的事实，也是一个企业在由优秀向卓越迈进的过程中，所必须逾越的坎儿。弥补差距，加快质的转变，是北京现代和合作伙伴们所面临的新的挑战。

2005 年，在北京现代经销商大会上，徐和谊董事长明确表示：北京现代在目前复杂多变的市场环境下，要想进一步发展，必须把握好"三个转变"。

一是从弱者到强者的角色转变。最初，北京现代被人们认为是弱者，是北京汽车与韩国现代"弱弱联合"的产物，没有被人看好。在怀疑与批评的风潮中，北京现代背水一战，取得了哀兵必胜的效果，奠定了目前的市场地位。

如今，北京现代的实力已经发生质的转变，已经具有足够支撑起整个体系的信心。北京现代的产品、品质、品牌、市场运作模式取得了巨大的成功，经销体系在市场的磨炼中更加成熟。北京现代的"弱势心理"已经被良好的经营业绩洗涤的荡然无存，北京现代体系运营的成功使企业在市场上获得了足够的尊重，在决策时更加有信心和底气。北京现代对产品、品牌、运营方式的自信，贯穿在各种市场举措当中，流露在举手投足之间，传递给消费者以充足的信心，从而获得更加广泛的认可，不断扩大销售和利润。

徐和谊董事长提醒所有北京现代人，在强者愈强、弱者愈弱的年代，大家必须全力以赴地加强企业整体实力和体系竞争力，才能在复杂多变的市场环境中立于不败之地。

二是从跟随者到领先者的角色转变。作为后来者，北京现代最初采用的是市场跟随策略。一段时间以来，北京现代一直在暗中潜心研究竞争对手的一举一动，然后瞄准目标后全力跟随，这一策略定位使北京现代取得了良好的市场业绩。通过跨越式发展，北京现代实现了后来者居上，取得了领先者的市场地位。

然而从跟随者到领先者，北京现代并没有顺利完成角色转变。比如"伊兰特"瞄准"凯悦"抢逼围攻，取得了销量和市场的冠军后，由于缺乏有效的方式，并没有及时继续扩大战果，以致后来"凯悦"在价格优惠不多的情况下销量迅速逼近"伊兰特"，这一局面的出现为北京现代敲响了警钟。

从模仿别人到被别人模仿，从追赶别人到被别人追赶，只有做好角色转变，在激烈的市场中打造出不可复制的核心竞争力，才能够更长久地领先于市场。

三是从拓荒者到耕耘者的角色转变。为了抢占市场先机，北京现代初期更注重强调发展速度，从而在经营方式上略有些粗放。尽管三年时间就实现了一年30万辆产能，尽管健全的国内配套体系，遍布全国的销售网络已经完全铺开，尽管目前厂家和商家的效益都还说得过去，然而北京现代必须要在更加严峻的市场形势到来之前转变经营方式，完成从粗放式到集约化的转变。而对于市场的精耕细作，也将是北京现代下一阶段的工作重点。因为只有对市场精耕细作，对服务达到尽善尽美，才能更有利于北京现代长远的发展。

徐和谊董事长的"三个转变"是一名具有战略思维和国际化视野的企

业家居安思危时的真知灼见。"三个转变"，既是徐和谊对当前汽车市场的冷静分析，也是对北京现代自身发展的清醒认识，更是对未来中国车企前进方向的科学判断。归根结底，走精益化运营道路是北京现代发展的必经之路，也是北京现代得到全面提升的核心驱动力。

方向已经明确，为进一步扩大战果，北京现代中韩双方又开始思考下一步的发展，再建一个具备 30 万产能工厂的蓝图已在悄无声息中徐徐展开。

谋发展厉兵秣马

不仅是简单的扩张

2006 年是国家"十一五"规划的第一年，面对更加激烈的市场竞争，面对急于求变的企业形势，徐和谊董事长把 2006 年看做是"北京现代任务最繁重、面临考验最严峻的一年"。

对于北京现代初期取得的成绩，专家概括为"盘活存量、滚动发展、强势入市、以快制胜"。2005 年时，这十六字方针变成了二十字方针，即在之前基础上多加了四个字"精益运营"。这四个字看起来简单，但在北京现代却有着丰富的内涵，概括来说："产品市场化、人才专业化、管理扁平化、质量全球化、配套国产化、建设同步化、运营体系化。"

其中"建设同步化"是公司高层对企业未来发展的前瞻性思考，这种思考是基于对日渐走俏的市场销售和日趋饱和的产能矛盾的清醒认识。当北京现代形成30万产能，销售形势一片向好之时，中韩双方领导开始深入思考北京现代下一步的发展问题。

虽然2005年中国轿车市场呈现平稳态势，但是基于对中国汽车市场发展前景的判断和对自身经营状况的分析，中韩双方在多次沟通交流后达成一致共识，决定顺势而为、再接再厉，筹建第二工厂。

在2005年7月，徐和谊董事长在北京现代中方的高管会上谈到，北京现代即将面临发展的又一个重要机遇期，那就是第二工厂的开工建设。北京现代如何抓住机遇，主要看是不是能在扩建的同时，顺利地实现转型。

"扩建转型"包括两个方面的含义："扩建"是指建设第二工厂，扩大30万辆生产能力，这代表着量的增加；而"转型"是指在建设一个包括发动机工厂在内的世界先进的五大工艺的同时，通过设立汽车研发中心，开设汽车金融、物流、二手车等重要项目，将北京现代由较单纯的生产厂转变为较综合的汽车企业，这代表着质的飞跃。

扩建和转型是相辅相成的。无论是扩建还是转型，都会对北京现代竞争力的提升产生重大促进作用，而且这一举措不仅会对促进北京经济发展起到多方面的拉动作用，还对推进中国汽车工业战略转型具有探索意义。

同时，北京现代扩建转型符合国际上汽车企业发展的一般规律，现代汽车不断提升的市场竞争力也为扩建转型提供了强有力的支撑。转型扩建在徐和谊董事长看来不仅是企业的事，更要放在首都经济发展的全局来看。北京现代的扩建转型很可能对北京局部地区的资源环境、交通物流等带来一定压力，但只要采取积极主动的态度，因势利导，不仅可以解决问题，而且可以将压力转化为机遇。因此，推进北京现代扩建转型是一个意义重大而且可行的战略举措，值得有关各方形成合力、抓紧推进。

2006年3月，徐和谊用"一个方向、三大重点、六项任务"来概括

2006 年的工作思路，其中"三大重点"明确指出，一是要确保北京现代二工厂建设 4 月底前正式开工，确保土建任务年内完成；二是要确保北京现代二工厂的中方资金及时到位；三是确保北京现代 30 万辆产销任务胜利完成。

北京现代二工厂建设，被市领导定位到"事关全市经济发展、事关首都现代制造业振兴、事关北京汽车工业兴衰"的战略高度。二工厂的建设时间紧、任务重、工程庞大，市委、市政府要求北京现代把二工厂建设成为北京循环经济、可持续发展、节约型企业的典范，在二工厂的建设中，充分体现循环经济、节能、环保型产品的精神，充分体现自主创新。任务艰巨，使命光荣。

如何圆满地完成这三件大事，在徐和谊脑海中形成了三个基线：第一个是在一工厂建设中积累和摸索出许多好的经验和做法；第二个是认真思考、精心谋划；第三个是相互协作、共同奋斗。

第二工厂奠定做大基础

有目标就有行动，在中韩双方的积极推动下，北京现代二工厂的筹备工作随即全面展开。中韩双方密切配合，工厂设计、工艺设计、产品准备、项目可研、政府报批等工作同步推进。2005 年 7 月 25 日和 12 月 29 日，北京现代先后两次向市政府领导专题汇报了项目进展情况，为项目的顺利进行创造了条件。机械部汽车工业设计研究院、国务院发展研究中心、国家信息中心、摩根士丹利以及我国部分汽车行业的老专家、老领导都对北京现代第二工厂建设项目进行了可行性论证，提出了具体的课题提纲，随时跟踪各咨询机构的阶段性成果，并最终形成了具有说服力的五份研究报告。

在第二工厂项目筹备中，准备工作最为繁重，涉及建设方案、基础设施、土地利用、资源消耗、资金来源、新工厂机构设置等多方面的内容。与第二工厂同步建设的还有研发中心，其既是国家产业政策的要求，也是北京现代培养自主开发能力的基础。

在公司领导的高度重视和全力支持下，北京现代进行了大量卓有成效的前期工作，顺利编制完成《北京现代汽车研发中心建设方案》。在对国内部分轿车生产企业研发中心的人力资源状况进行考察调研的基础上，提出并编制完成《北京现代汽车研发中心人员需求计划》。

2006年4月18日，顺义区西南二环车水马龙，热闹非凡，北京现代第二生产厂区及研发中心奠基仪式正式举行。时任北京市副市长陆昊、时任韩国驻华大使金夏中出席奠基仪式，并先后表达了对北京现代成绩的肯定，对中韩双方精诚合作的赞扬，以及对北京现代第二生产厂区及研发中心的期许。

在仪式上，合作双方的最高层领导分别以不同的方式表达了对北京现代未来发展的共同愿望。

郑梦九会长表示，中国汽车市场是现代汽车集团在全球市场中最为关注的市场之一，北京现代作为现代汽车集团全球经营主轴的重要一环，随着二工厂的建设，已经发展为全球最大的海外工厂，将来还将孕育并支援其成为现代汽车集团的战略性海外生产基地。以北京现代二工厂的奠基仪式为契机，北京现代的产品线将会更加丰富，也会给喜爱北京现代汽车的中国消费者提供更大的选择空间。随着北京现代生产能力的日益扩大，也会带动北京市汽车零部件产业的发展，进而为北京市工业经济的发展注入更多的活力。

徐和谊董事长表示，北京现代在第二厂区建成后将成为五大工艺齐全、技术装备世界一流，生产五个全新系列车型，具备自主研发能力的国内一流轿车企业。届时，北京现代将达到年产整车 60 万辆、发动机 50 万台的规模，年销售收入超过 700 亿元，带动直接就业超过 8 万人，北京现代将成为提高首都现代制造业发展水平的排头兵。在扩大规模的同时，北京现代还将积极响应国家自主创新的号召，借助研发中心，通过本地化设计、本地化生产，开创北京现代的"自主创新"之路，陆续推出环保型混合动力车、自主知识产权和品牌的轿车，为提高资源节约水平和利用效率，把首都建设成为节约型社会的首善之区作出应有的贡献。

奠基仪式上，徐和谊董事长慷慨激昂地向世人宣布：北京现代将会继续发扬奋力拼搏，团结协作，知难而进，志在必得的精神，向着振兴北京汽车工业、创造现代辉煌的目标不懈奋斗！

天道酬勤，有志者事竟成。三年多的时间，北京现代凭借着全体员工的兢兢业业和顽强拼搏，在国家、北京市和顺义区政府的大力支持下，在社会各届的关爱下，拼出了一个"北京现代速度"，创造了一个"北京现代奇迹"。三年多的时间，北京现代总销量突破 50 万辆，销售收入 620 亿元，上缴税收 72 亿元，带动社会直接就业超过 4 万人。一个装备一流，体系完善，年产能 30 万辆，生产 5 大系列产品的先进轿车企业屹立在首都北京，并已发展成为全国排名前列的先进轿车企业。

承载梦想，续写辉煌。北京现代是一个追求远大梦想的企业，面对成绩，北京现代没有裹足不前，而是以百倍的精神，奋力前行。

产能释放带来疯狂喜悦

对于中国汽车行业来说，2006 年有两件事情值得庆贺，那就是两家汽车合资企业双双闯过 50 万辆大关，迎来了发展历程上的又一座里程碑。其中一家是拼搏八年的广州本田，另一家则是成立还不到四年的北京现代。

2006 年 3 月 27 日，在北京现代顺义工厂的总装车间最终线，当一辆"雅绅特"车在众人期盼的目光中驶下生产线时，北京现代迎来了这个历史性的时刻——总产量突破 50 万辆大关！掐指算来，50 万辆的突破距离第一辆"索纳塔"的正式下线相隔不过三年有余，仅仅用了 40 个月的时间。

纪录是用来被打破的。对于我国汽车工业来说，累积 50 万辆这个纪录在不到一个月前被广州本田刷新了，然而一个月后，这个纪录再次被北京现代刷新，而所用时间足足比对方少了一半多，北京现代用速度再一次创造了奇迹。对北京现代来说，在发动机和整车同时突破 50 万辆的同时，销量突破 50 万辆也指日可待。而这样的速度在中国汽车工业五十多年的历史上，可以说是绝无仅有的另一个奇迹。

在中国汽车市场，一家轿车企业只有产销突破 50 万辆，才意味着真正步入主流轿车企业的行列，得到了市场的认可和消费者的信赖。50 万辆是北京现代不到四年的历史新跨越，新作为，新活力，展示了北京现代强大的生命力和潜在的市场竞争力。

50 万辆是个门槛。迈过了这道槛儿的北京现代，从一颗中国汽车领域的新星进入到了具备相当实力的成熟企业的行列。回首三年前，当北京汽车人还在为第一辆"索纳塔"下线而津津乐道时，转瞬之间带有"北京现代"标志的汽车已经遍布了全国的大街小巷。

50 万辆是个标志。在经历了一个三年练内功打基础阶段之后，北京现代品牌日益为广大用户所接受和喜爱。无论是北京现代的中高层领导还是普通员工，无论是北京现代的中方还是韩方，"质量"、"服务"、"社会责任"等名词几乎在每次回答记者的提问中都被提及。然而不放过每一个细节，对质量的不断追求，对服务极端苛求的作风，让北京现代给足了广大用户信赖感。

50 万辆是个新起点。北京现代自成立以来，抓住了汽车消费井喷增长的大好机遇，迅速占领了市场。虽然中国汽车消费需求整体仍在增长，但面对竞争日趋激烈、原材料价格上涨、能源供应紧张、利润空间进一步压缩、汽车消费环境日益苛刻等现状，包括北京现代在内的任何汽车厂家都要慎重规划未来的路如何走。在实现了 50 万辆的产量后，北京现代在一个新起点上继续拼搏！

练内功隐忍待发

危险在悄悄迫近

2007 年，北京现代第二生产厂区及技术中心的建设全面启动，这是北京现代发展史上一个具有里程碑意义的大事，对于提升北京现代核心竞争力和行业地位，起着至关重要的作用。就在北京现代员工还沉浸在新工厂建设和对未来的美好憧憬中时，北京现代中韩双方的领导已经敏锐地察觉到了危险的临近。因为，早在 2005 年开始，北京现代的市场占有率就在下降，虽然车卖的越来越多，可是获得的利润却在逐年下滑。

于是，新年伊始，徐和谊董事长和时任总经理卢载万在北京现代新年早会上发表了重要讲话，在肯定 2006 年取得成绩的同时，也指出了北京现代未来即将面临的严峻形势，从而以此为纲，明确了 2007 年的工作思路。

徐和谊董事长高屋建瓴，提出"凡事预则立、不预则废"，他首先将 2007 年定位为北京现代的"调整年"，强调各项工作应以夯实内功，细化管理为主。他指出，北京现代 2007 年将矢志不渝地做好如下的工作：

一要建设和谐奋进的企业文化。经过四年多的探索与磨合，北京现代中韩合资企业特色的企业文化已具雏形，正是在这种企业文化的支撑下，北京现代得以持续、快速、健康地发展。因此，加强企业文化建设，保证我们的企业形象、品牌形象不断提升，是我们企业发展的底蕴所在。

二要用科学发展观统领工作思路，排除一切困难，确保第二生产厂区及技术中心建设的施工进度和施工质量，同步甚至超前做好其他相关配套工作，人员补充工作，力争早日形成生产力。

三要继续发扬敢于迎接挑战，敢于取得胜利的战斗作风，采取灵活多样和卓有成效的市场手段，确保 2007 年产销 31 万辆整车任务的完成。

四要采用现代科学的成本管理方法和手段，加强成本控制，提高企业盈利能力，努力完成公司制订的降本增效计划，也就是"成本节减 10%，国产化率达成 90%"。

五要与时俱进，不断革新工作思路、工作方法和工作流程，加强企业内部管理，形成以市场和消费者为中心的服务机制，不仅要提高产品在市场上的占有率，还要确立北京现代在消费者和公众心目中的良好形象。

的确，过去的北京现代一直倾力于外在的成长，徐和谊董事长的讲话为北京现代指明了内涵式增长的新思路。北京现代的发展，万丈高楼平地起，更需要坚实的地基。

剖析自我才能战胜自我

虽然北京现代已经充分认识到了自身发展过程中的短板，然而，残酷的市场竞争并没有给北京现代及时调整的时间。

2007 年，北京现代市场销量首次出现下滑趋势，引来了舆论的质疑，北京现代在各种场合反复强调，2007 年是北京现代的"调整年"。那么，是"调整"带来了"下滑"，还是"下滑"导致了"调整"？应该说，二者互为因果。

细数北京现代走过的历程，自 2006 年开始，拥有 30 万辆产能的北京现代一工厂开始全负荷运转，直至 2008 年 5 月第二工厂正式投产，北京现代将在近 2 年半的时间内保持 30 万辆的产能、且生产线配置和厂房建设也将延续 2005 年下半年开始的状态。硬件条件的限制放缓了北京现代新品推出的速度和企业的发展速度，但同时也为企业提供了足够的时间，修正由于快速发展所带来一些内部问题。值得一提的是，产能饱和虽然使企业的调整得以付诸实施，但客观上，饱和的产能、既有的厂房面积和生产线配置直接阻碍了北京现代推出新品的速度，这让北京现代在 2007 年，面对其他厂家新品迭出的市场，就显得非常被动。

具体来说，造成北京现代出问题的原因是多方面的，比如成本过高，产品更新换代不及时，品牌认知度不高等。其实，出现问题并不可怕，辩证地看待这些问题，可以让北京现代的头脑更加清醒，在暂时的困难面前对形势有一个更加准确的判断。痛定思痛，面对一系列挑战，北京现代进一步深入剖析了这些问题背后许多深层次的原因，明确了接下来的工作思路，首先就是要做好"四个经营"。

第一个是品质经营。让顾客享受超值，抓质量命脉，促持续改进，造世界级汽车。要制造世界级的汽车，就必须有一流的产品品质，要通过严密的管理体系，保证产品品质。要通过对每个流程环节进行缜密设计、严格把关，建立严密的质量管理体系，努力做到"零次品率"。不但重视产品品质，而且更要特别重视服务品质。

第二个是现场经营。所有决策首先来自市场，要充分尊重用户的选择，要把从市场传导来的信息逐一反馈到生产、采购、销售和研发。所有工作的重心都要满足现场的需要。

第三个是透明经营。从保证双方共同利益出发，保证管理流程和决策程序的公开、透明和公正，加强内部管理流程的管控。

第四个是效益经营。企业的发展最终要落实到企业的经济效益上。要根据中国市场的发展趋势和竞争特点，尽快确定竞争战略、品牌建设、产品规划等，在低成本竞争和差异化竞争中找到平衡点，合理分配企业资源。

就这样，在"四个经营"的调整思路指导下，北京现代人充分发扬了"奋力拼搏、团结协作、知难而进、志在必得"的企业精神，积极面对挑战，投身到了主动调整的战役中。

调整是为了全面爆发

在高速发展之后，经历一个短暂的调整期，几乎已经是汽车行业发展的一个普遍规律，包括大众、通用等汽车企业，无一例外地都经历过这一阶段。

北京现代成立以来，一直处于高速发展状态：成立 4 年用 5 款车销量就达到 80 万辆，这是中国汽车史上绝无仅有的。销量的提升、市场占有率的扩大就给北京现代在内部管理、渠道建设、成本控制等方面提出了新的要求。因此，在经历了 4 年的高速发展之后，北京现代提出，将 2007 年定为"调整年"，工作重点就是要"合全公司之力，加大企业内部的调整力度，以应对新的市场形势"。从这一意义上说，北京现代的调整，是根据企业自身发展需要的自主选择，同时也是持续高速发展的客观需要。

这次销量急剧下滑的局面，给了北京现代当头一棒。从中国汽车舞台的新秀快速地成长为明星企业，北京现代风光无限。然而，考验却如影随形悄然而至。北京现代遇到的挑战，不过是企业成长过程所必经的洗礼。世界任何一个企业，没有哪个是不经历考验就取得成功的。过去的四年多时间里，北京现代一直顺风顺水，高速发展，现在出现这种考验也可以说是一种必然。区别就在于，考验降临时是束手就范，还是果敢冷静地直面挑战，沉着应对。

如果是无可避免的挑战，那就应该直面以对。沉着冷静地解决当前的问题，并为未来的发展打好基础，这才是明智之举。北京现代一定能够做到，并且必须做到这一点，以确保公司重新踏上健康快速发展之路。

第三章　驶向蓝海

2008 年下半年，在华尔街金融风暴的影响下，全球汽车业一片凋零。一时间，全国各大车企纷纷下调生产计划，包括对 2009 年的预期。

一个好企业注定是一个传奇，而一个传奇的企业总会做出一些令人看不懂的决定。此时的北京现代审时度势，不减反增，毅然决然将 2009 年的产销目标增幅定为增长 20%。消息一出，行业内一片愕然！

43 万辆、48 万辆、53 万辆，2009 年北京现代先后 3 次将年初计划向上拉高。伴随着国家相关振兴汽车工业计划的出台，最后北京现代以 57 万辆销量凯旋收兵。一缕暖风吹皱满江冷水，北京现代中流击水、浪遏飞舟。

一切还只是开始。接下来的北京现代进行了两手准备，一方面与时俱进，抓住大好时机及时抢位；另一方面调整思路，通过内涵式增长迅速提升企业运行质量。

2011 年，一场没有硝烟的"索八"渡江攻坚战下来，北京现代再次凯旋，不仅用一款车提升了一个品牌，还为企业"跻身主流"的未来战略奠定了坚实基础……

成功的决策源于对市场的把握

一个令人难以置信的决策

2007 年，中国汽车继续以超过 20% 以上的速度递增，当年产销双双超过 880 万辆，成为仅次于美国的第二大汽车消费国，其中乘用车总销量超过了 629.75 万辆，同比增长 21.68%，其中超过 80% 由私人购买。私人消费成为轿车市场的绝对主体。

2008 年初，中国汽车工业协会有关人士预计，本年汽车产销量有望突破 1000 万辆大关，中国市场将向全球第一市场迈进。带着憧憬与渴望，大家斗志昂扬，向着全球第一的目标大踏步前进。而此时美国的华尔街，一场关于次贷危机的金融风暴正在悄然酝酿，其能量有多大，破坏性有多强，没有人说得清楚。

2008 年 9 月，中国还没有从北京奥运会的举国欢腾的极度兴奋中回过神来，华尔街金融风暴的阴影就漂浮到了中国经济的上空。综观中国上半年的汽车市场，行市依然一片大好，一场关于欢庆中国汽车生产突破 1000 万辆的庆典也在积极筹备之中。横看成岭侧成峰，无论从哪个角度看，中国汽车产销量持续攀升的这座高峰都显得巍峨壮观。

在华尔街风暴爆发的第二天，也就是 2008 年 9 月 16 日，美国东部时间上午 8 点 30 分，一场通用汽车百年庆典活动在通用汽车全球总部——底特律文艺复兴中心正式启动。然而，刚刚庆祝百岁生日不久，通用汽车就被华尔街金融风暴卷了进去，九个月后即宣告破产。

在亚洲，日本丰田汽车也遭遇了严重的"召回门"事件，为了挽救信任危机，丰田卖出的850万辆汽车被紧急召回。一直以盈利良好著称、历史性地创造了精益生产方式的日本丰田汽车，也首次出现了亏损。本田、日产汽车也概莫能外，而德国和法国这两个汽车大国也受到了巨大的冲击。

面对严重的经济危机，中国汽车企业终于感受到了冬天般的寒冷。从2008年三季度开始，汽车行业产销量增速明显回落，行业效益大幅下滑。2008年年初时人们热切盼望的千万产销时代的梦想成为泡影，中国汽车产业的发展似乎出现了拐点。识时务者为俊杰，于是，国内各大汽车企业纷纷把生产计划进行下调，包括对2009年的预期也进行下调。

就在各大汽车厂商对2009年市场预期普遍持谨慎态度的同时，北京现代却提出了2009年20%的产销增长计划。北京现代这一背道而驰的决定，让业界人士迷惑不解、匪夷所思。当时，中国几乎所有业界人士都认为北京现代太激进了。

面临危机，一切看似疯狂、不可思议的决定，通常取决于两个原因，一个是被逼疯了，另一个则是对危机有了一个全新的理解。面对突然降临的市场危机，徐和谊董事长在一次接受采访中说："成功的原因有很多，包括市场、产品竞争力、股东双方的合作、政府的支持等等。但是，除此之外，这其中还有一个很重要的原因，那就是运气，也可以理解为对各种机遇的把握。"

在他看来，由于受到全球性金融危机的影响，世界经济发展虽然放慢了步伐，甚至个别国家和地区出现了经济倒退的现象，但是对于中国的汽车市场，有四个因素依然没有改变，即中国汽车市场的基本面没有改变，中国经济持续保持8%高速增长的态势没有改变，汽车继续快速进入家庭的行业发展规律没有改变，中国汽车消费的支撑力没有改变。

徐和谊董事长的判断在不到半年的时间就得到了印证。从2009年1月到2月，国务院开始陆续出台了汽车业、钢铁业、装备制造业、纺织业、船舶业、电子信息产业、轻工业、石化产业、有色金属业、物流业等十大产业的调整和振兴规划。2009年1月14日，关于《汽车产业调整和振兴规划》的会议由国务院总理温家宝主持召开，并获得国务院常务会议审议和原则通过。

《汽车产业调整和振兴规划》的出台和政策利好及对经济好转的预期提振了消费者信心，国内汽车市场结束了2008年下半年以来的下滑态势，而在减征乘用车购置税、开展"汽车下乡"、老旧车更新补贴等政策措施的刺激下，2009年中国汽车市场突然回暖，不仅超过2008年同期，而且创下历史新高。

当时，面对突然井喷的汽车销售形势，国内那些已经做出减产决定并下调2009年的生产计划的各大汽车厂商，产品出现了"供不应求"的局面。业界对北京现代的火爆无不羡慕，业界对徐和谊的决策无不佩服。也就是在这个时候，大家这才明白北京现代当初所做的那个看似疯狂的决定的英明。

面对如此火爆的市场需求，由于2008年底提出了增长计划，从零部件供应到生产、销售，北京现代都做好了充分的准备，当所有的汽车厂商急得团团转的时候，北京现代开始有条不紊地将产品源源不断地投向了市场。

回顾2009年，全年汽车销量同比增长46.15%，汽车销量达到

1364.48 万辆，其中乘用车产销 1033.13 万辆，同比增长 52.93%。也就是在这一年，中国汽车业超过了美国，成为全球第一的汽车产销大国。

正是由于北京现代冷静应对，缜密分析，才使北京现代历史性地抓住了这次机遇；也正是由于徐和谊董事长的科学判断和果敢决策，才使北京现代再次异军突起。

出其不意，战果辉煌

如果说，国家的有力政策支持和徐和谊董事长对汽车市场的前瞻判断，是奠定 2009 年北京现代一举挺近中国乘用车企业第一阵营不可或缺的关键因素，然而，一个目标的实现，离不开一个运筹帷幄、行事精准的执行者。

2009 年 1 月，北京现代出现重大人事调整，在北京现代辛勤工作 4 年，全面推动企业调整布局的主要操盘手——李洪炉常务副总经理调任北汽集团担任要职。在李洪炉的带领下，2008 年北京现代取得了销售同比增长 27.4% 的骄人业绩，远远高于行业平均增速，市场份额同比增长 1%，从而使北京现代实现了从以价格为主要竞争手段向以综合实力提升市场竞争能力的重要转变。

从李洪炉手中接过接力棒的，是在汽车市场营销方面斩获颇丰并精通汽车研发的综合人才李峰。自上任之日起，徐和谊就对李峰寄予厚望，希望凭借他果敢的行事作风和高超的营销能力，来进一步提升北京现代的营销业绩。而此时，李峰面对的是金融危机给中国汽车行业带来的巨大冲击，如何把徐和谊董事长的科学决策转化为行之有效的执行指令，进而实现北京现代的持续发展，李峰感到责任重大。

　　面对危机，李峰表现出了沉着。作为终端产品——汽车，李峰深谙营销之道。从调整营销思路开始，李峰开始了在北京现代的新的职业生涯。他提出，要从"以生产为龙头"转变为"以销售为龙头"，这一思路很快产生了效果。李峰上任的当月，北京现代销量突破3.5万辆大关，刷新了建厂以来单月销售的最高纪录，迎来了开门红。其中个别车型如"伊兰特"以及"悦动"在广州市场上出现脱销现象。这使刚刚上任的李峰对北京现代的市场前景充满了信心。随着市场的回暖，销售持续走高，北京现代中韩领导运筹帷幄、冷静应对，三次调高产销目标，从年初计划的36万辆，不断改写为43万辆、48万辆，并最终定格为53万辆。这一业绩，也使北京现代产品结构发生了变化，北京现代逐步摆脱了依靠单一产品打天下的形象，通过增加中高端车型和SUV车型的产销比重，进而使品牌力和盈利能力大幅度提升。

　　企业的战略格局会直接影响企业的市场规划，并最终决定市场布局。2009年，在李峰的带领下，北京现代营销发生了重大变革：

　　准确预测市场，降低产品库存。 基于对市场长期、及时和准确地跟踪分析，北京现代针对市场需求变化，及时调整了自己的产销计划，使得厂家与特约店之间保持了合理的库存结构和库存数量，从而极大地降低了超龄库存车的存在，同时也加快了资金周转，提高了特约店灵活应对市场变化的能力。

　　针对差异市场，布局主力车型。 北京现代通过深入研究不同轿车级别的不同市场特点，有针对性地布局了自己不同的主打车型。"悦动"外观时尚大气，针对25—35岁的年轻人，主打一二级城市；"伊兰特"以优异的品质和突出的性价比为卖点，目标人群为35—45岁的中年人，在巩固自身成果的同时，重心更多偏向二三级市场。此外，"伊兰特"品牌带来良好的口碑效应，精准到位的营销策略，加上出色的产品做保证，让"伊兰特"、"悦动"这对"兄弟"在不同的级别市场中，不断创出新的佳绩。

精细的差异化管理，有的放矢。随着不同级别城市对汽车需求差异化的不断加大，北京现代面对消费人群的特点，制定了有针对性的管理策略，各销售事业部逐步开展并实施精细的"差异化管理"，对各地区市场份额的提升起到积极的促进作用。

重点攻关，提升集团销量。2009 年，北京现代将集团项目进行了细分，对重点项目进行重点攻关，并对国家部委新项目进行贴身紧跟。在国家压缩采购的情况下，北京现代的集团直销业务同比提升 85%，全国出租车业务同比提升 22%。

精细的融资准备，有力的扶持。2009 年，北京现代首先解决了 120 家中型特约店和 48 家小型特约店的融资问题，使得中小型特约店有充裕的资金，建立合理的库存；其次，对于重点地区的主力特约店，北京现代的融资额度并未局限于当前特约店的业绩，而是给予其前瞻性的融资额度，保障主力特约店在市场启动销量放大时，拥有充足的市场竞争力；再次，北京现代根据市场的变化情况及特约店的需求，每 3 个月调整一次融资额度，以此来提高特约店应对市场变化的能力。

畅通渠道，完备的物流保障。为更好地完成销售目标，北京现代加大了对物流公司直发率及压库率的考核力度，要求其直发率 >90%，压库率 <5%；同时，北京现代还提高了对物流公司自有运力储备的要求，并在局部区域（西北，西南）增加铁路运输。这一系列的措施，改变了 2008 年"每月 3 万台运输难"的运输困境，实现了月均 5 万台的运输目标。

科学的判断、精准的策略、果断的执行。2009 年，在李峰上任的第一年，北京现代就实现了产销量的跨越式增长。产销 57 万辆，同比增长

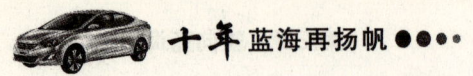

94%，行业排名由第七名跃升至第四名，创下国内合资轿车企业销量增幅之最，一举进入中国乘用车企业第一阵营。

及时抢位，步步为营

2009 年，在危机中，北京现代看到了难得的机遇；在机遇中，北京现代作出了科学的决策；在决策中，北京现代实现了自我的超越；在超越中，北京现代得到了明显的提升，胜利实现了弯道超车。北京现代以 2009 年的精彩，站在面向"十二五"发展的新起点上。

与其说让北京现代在"十二五"期间找准定位，不如说是要北京现代在"十二五"期间抢到位置。要抢到位置，必须清楚"十二五"期间中国汽车产业发展态势，对此，北京现代形成了这样的认识：

产业规模持续快速发展，产业集中度进一步提高。随着汽车产业规模在量方面的持续扩大，产业自主创新、自主开发以及新能源汽车技术都迎来了难得的发展机遇，从而为我国从汽车大国向汽车强国转变提供了有力的支撑。汽车市场规模的不断扩大，必然会导致汽车行业竞争进一步加剧，企业通过自身规模扩张以及兼并重组，优胜劣汰，必然会催生几个大型汽车企业集团。

可以预见，在"十二五"期间，我国汽车行业依然遵循"量者为先"的原则。国家已经有计划培育三到四个"十二五"期间年产销量达到 400 万辆以上的大型汽车企业集团，两家以上汽车企业集团进入全球前十强，产业集中度要在现有的基础上大幅度提高，行业排名前五家企业所占市场份额，将会比 2010 年提高十几个百分点。

要想在国内汽车行业占据有利竞争位置，获得国家政策上的支持，汽车企业就必须在规模上有新的突破。基于此，目前国内主要汽车生产企业，都把做大做强作为主要发展目标。在"十二五"期间，各企业集团将争相调整产业布局，产能建设不断扩大，汽车企业集团的发展主题依然是以做大为主。同时在此基础上，依靠结构调整和创新，为做强创造条件。

节能减排水平有较大提升，产品结构进一步优化。我国政府承诺到2020年中国单位GDP二氧化碳排放比2005年下降40%至50%，这将对我国汽车工业提出严峻挑战，而油耗和碳排放将成为我国汽车走向世界的主要障碍。有资料表明，"十二五"期间，我国要努力实现在汽车保有量增加一倍的基础上，燃油消耗量的增加不超过50%。由此可见，发展节能与新能源汽车将是"十二五"期间中国汽车产业的主要方向，也是发展的重中之重。这对于我国汽车产业能否在全球竞争格局中获取有利地位，具有重要的现实意义和战略意义。

自主品牌会迅速发展，自主创新能力将有较大提高。自主品牌是中国汽车企业做大做强的希望，也是提高企业核心竞争力所依赖的根本，这一点在行业内已经形成共识。就目前我国汽车产业发展的趋势来看，合资企业的产品将从单纯引进向自主研发与引进共存的方向逐步转变。

自主创新能力的提高，是实现我国从汽车制造大国向汽车强国转变的重要条件。未来一个时期内，我国汽车工业将努力完成产品结构调整和技术结构调整，完善各领域人才队伍建设，建设合理的研发布局，打破技术瓶颈，基本实现关键技术的自主研发，形成持续的创新能力。

创新不仅仅是对自主品牌而言，国内的合资企业也要时时创新。通过技术创新，获取产品竞争优势，扩大市场份额；通过制度创新，提高企业的经营效率，使企业更加具有生命力。

汽车服务业体系日趋完善，品牌营销将成为主体。汽车服务业是为汽车制造业服务的，是在汽车产业价值链中连接生产和消费的支持性、基础性业务，以及这些业务的延伸。为了保证"十二五"期间汽车产业规模持续扩大，汽车服务业在国家的引导与支持下，服务体系将会得到进一步的完善。同时，合资企业为了配合整车企业的发展，也将会在整车与零部件物流、营销、品牌推广与售后服务、大修中心等方面有新的提高。

由于自主品牌的影响力日益扩大，合资企业的原有品牌优势将相对减弱，合资企业将面临自主品牌与其他合资品牌的双重竞争。"十二五"期间，品牌营销将成为合资企业在国内一门新的必修课程。

所以，对于国内合资企业来讲，不能仅仅依靠于外资企业原有的营销模式和方案，必须针对中国市场的特点，创新全新的营销模式，坚持新车销售、售后服务、旧车交易等服务一体化，以品牌营销为核心，统一销售供应渠道、统一服务规范、统一技术标准、统一价格运作，建立统一的客户管理系统，促进汽车企业的服务规范化、标准化以及产业化，不断提高企业的服务水平和服务质量。

这样的认识，使北京现代中韩双方形成了共识——顺势而为。顺势，就要顺"十二五"发展之势，顺势就要顺2009年北京现代发展之势，只有这样，才能在"十二五"期间发展中抢到属于北京现代自己的位置。

2009年的产量激增，让北京现代在乘用车企业第一阵营站稳脚跟。站稳脚跟，关键是脚下生根，2009年一年的发展既是北京现代七年发展积淀的释放，也是新发展方式的探索，一是决策果敢，在金融危机背景下，信心比黄金重要，判断正确，科学决策，集中体现了北京现代文化的核心；二是自觉求变，从以生产为中心转向以营销为重，初步建立起以市场为导向的经营模式；三是道术结合，北京现代围绕品牌力、产品力、营销力和成本力等提出了"四大策略"。虽然品牌力和产品力的提升空间不大，但是确定了产品规划的指导思想，即稳住中间，发展两头，以小搏大，以快制胜，先入为主，位次竞争。当年，北京现代最终实现了 57 万辆的销售业绩，这在公司发展历史上是一个里程碑式的跨越，使得一个具有新思想、新目标的北京现代站在"十二五"发展的起点上。

做强企业就要提升运行质量

战胜对手首先要战胜自己

进入 2010 年，在世人眼中，原本应该沉浸在无限喜悦中的北京现代并没有因为胜利的狂喜而冲昏头脑，反而以更加严谨的态度审视起企业自身的发展形势。2009 年的实践似乎让北京现代清醒的认识到，在中国乘用车第一阵营中，战胜自己比战胜对手更重要。

进入 2010 年，首都经济发展进入了以世界城市为目标全面建设现代国际城市的新阶段，而提升首都经济运行质量将会成为北京市经济工作的重点。2009 年，北汽集团在全市率先成为千亿元企业集团，这其中作为中坚力量的北京现代，也当之无愧地成为支撑首都经济发展的重要支柱企业。

在新的发展阶段，振兴首都现代制造业将是北京现代义不容辞的责任，而现代化的制造业不仅仅体现在技术上，更需要一整套先进的管理体系、服务体系做支撑，其标志就突出体现在企业的高效益与高效率。在此要求下，北京现代必须不断进行结构调整和产业升级，才能持续提升企业运行质量。而这也意味着，北京现代在未来一段时间，将接受更加严酷的挑战：

管理模式的科学化和创新性的挑战。从 2002 年成立到步入 2010 年，随着北京现代逐步由创业期走向发展期，现有的管理模式由于企业发展、竞争形势、行业地位、文化背景等种种因素，已经逐渐不能适应企业的快速发展和市场的需求。如何提升企业管理模式的科学化和创新性，成为北京现代必须直面的挑战，其中，包括产品结构、组织架构、业务流程、管理水准等方面，都亟待提升。

产品结构调整和中高端产品突破的挑战。长期以来，产品结构始终是制约企业进一步发展的核心因素。从 2009 年的产销情况分析，"悦动"、"伊兰特"、"雅绅特"占据了北京现代各车型销量的前三名，而这三款车加起来甚至占到了总销量的 80% 以上，中高端的 D 级车和 SUV 只占总销量的 15%。

如果说，北京现代在成立之初选择 C 级产品主攻市场的策略取得了良好的成效，那么发展至如此规模的北京现代，产品转型升级就成了迫在眉睫的问题。只有真正提高中高级轿车的销售比例，才能有效提高企业的品牌形象和收益，从而实现企业的新跨越。

由销售理念向营销理念转变的挑战。在北京现代的创业阶段，市场方面一直坚持以产品为导向，往往只是通过促销、广告等手段来吸引消费者，方式较为单一。如今，作为已经走过创业阶段并且已经在中国市场站稳脚跟、需要进一步提升品牌形象的北京现代来说，迫切需要实现逐步由销售模式向营销模式转变。

人才匮乏和自身人才培养的挑战。北京现代成立七年多来，培养了一大批既懂技术、懂营销，也善于管理的复合型人才，为北京汽车的发展提供了重要的人才支撑。但是，这与事业目标对人才的需求相比远远不够。

随着北京汽车自主品牌和新能源汽车的建设、北京现代第三工厂的建设，人才资源将逐步发展为第一资源，如何能挖掘、培养一批销售、生产、规划等方面的管理人才和汽车专业技术人才就成为北京现代面临的又一个挑战。

在经历了从 2007 年到 2009 年的大悲大喜之后，在"十一五"的收官之年，北京现代收敛心志，决定开启"内涵式增长"的序幕，即实现有内涵、有品质的成长，而不仅仅是强调销售数字的增长。

所谓"内涵式增长"是通过提高效率和价值收益的方式来增加剩余价值。内涵式发展强调结构优化、质量提高、实力增强，是一种相对的自然历史发展过程，是出自内在的需求。内涵式发展道路主要通过内部的深入改革，激发活力，增强实力，提高竞争力，在量变引发质变的过程中，实现实质性的跨越式发展。

结合北京现代自身情况来说，提升综合实力主要通过管理创新实现产品跃级、提高客户满意度，强化品质保证、提升品牌，从而步入内涵式增长的轨道，实现企业的长远可持续发展。

新理念再造新现代

大道至简，北京现代创造的商业奇迹，是北京现代应对企业生存，应对竞争困境，激发出的创造力的反应。它的核心从来没有变过，正是洋溢在内心的对"消费者满意度"的理解，对"品质"的追求，成就了"现代速度"。在市场经济竞争日趋白热化的今天，北京现代恪守着"品质经营"的理念，以"内涵式增长"理念再造全新北京现代。

于是，北京现代将 2010 年定义为北京现代的"内涵式增长管理创新年"。在内涵式增长计划中，北京现代全面进行流程梳理，启动从产品设计到研发实力，从采购到生产的全系统管理升级，进行全方位的以提高品质为核心的管理创新。

北京现代的"内涵式增长"体现在企业运营的各个环节。例如在产品研发环节上，将迅速提高研发能力，形成自主的开发能力，逐步推出节能环保与新能源汽车；在本土化研发能力和快速应变市场的能力上，成为行业领先的合资企业；在生产质量环节上，完善整个品质保障体系；在营销服务环节上，建立快速反应的市场体系，提升市场运营能力和经销商管理能力。

北京现代没有让自己的新思路悬在半空。为贯彻"内涵式增长"的企业发展新理念及指导思想，北京现代开展了有力有效的重大调整，并采取了四个方面的具体措施：

加强收入和收益的调整。 积极调整产品结构，推进名驭、领翔、途胜、ix35 等高端产品的销售增长，大力发展高附加值的产品营销，以完成全年销量目标为底线，优化收入和收益结构，使其达到最大化。

加强品质和品牌的调整。 在品质方面，从供应商到生产系统，从 PDI 到物流系统，北京现代把工作着眼于提高产品品质；在品牌方面，所有与产品属性相关的工作，例如品牌的传播、形象的传播、整合营销传播等工作，北京现代尽最大可能进行细化，使品牌形象在原有基础上大幅提升。

加强团队和个人的调整。 内涵式增长的很重要的一部分就是进行管理体系的升级，对此，北京现代一方面注重提高管理团队的管理水平和作战能力；另一方面也逐步提高每一位管理人员的专业水平和业务修养，从而达到管理团队、管理体系和管理者的同步提升。

合作关系的调整。调整合作关系的关键所在是把合作关系中有利的一面最大化，其中心点在于更加注重相互合作的艺术性和策略性，着力提高合作水平，使中韩双方都能站在更高的层次上，从而把合作程度推向新的高度。

对于任何一个企业，无论是改革，还是内部管理的重大调整，主要领导全力以赴地支持与参与都会为目标的最终达成起到事半功倍的推动作用。为了实现这"四个调整"的路径，李峰常务副总经理面向全体北京现代领导干部提出了四个方面的要求：

一是要在"速度"和"态度"上下功夫。"速度"主要体现在执行力方面，所有领导干部在响应公司号召、执行公司决策之时，要提高反应速度和执行速度，加强执行力建设；"态度"就是在工作中要端正态度，遇到问题时，更多地查找自身存在的差距和不足，而不要过多地强调客观因素，从主观上找原因。

二是要在流程和模板上大力创新。内涵式增长的一个核心要素就是要加强流程的管控，而模板的运用往往能达到事半功倍的效果。因此，在工作中要善于改善工作和管理的流程和模板，把改善的成果融入到公司的运营和管理中，并通过实践检验其实际效果。要充分利用各项制度的记录和表格，使各项制度能够切实指导实际工作，发挥实际效应。

三是要提高用数据说话的能力。用"数据"说话，强调的是工作意识和方法的转变。作为科学管理体系的实践者，每一名管理人员是否能客观地看待问题、分析问题决定着管理战略的实施能否取得实效。

四是要提高抓重点工作的能力。随着企业规模的不断扩大，各项工作纷繁复杂，管理者的工作量将成几何倍数增长。因此，提高抓重点工作的能力就成为管理者的必修课。既要全面掌握，又要有的放矢；既要埋头拉车，更要抬头看路，从而在企业内部形成一个严密的运行体系。

有理念、有行动、有落实。2010年的北京现代，目标明确，不盲目追求位次，不盲目追求销量，但求苦练内功，坚守品质之本。正是源于务实的精神和有效的行动，北京现代在2010年以60万辆产能创造了产销突破70万辆的佳绩，销售收入、利润、客户满意度均得到大幅提升，以优异的业绩为"十一五"划上了圆满的句号。

管理升级让理念增值

企业理念能够左右企业的命运。对于企业来说，理念并没有好与坏的分别，只有是否适用于自身企业特点之分。新理念的提出直观表现为企业管理的升级，而管理的升级带来的是企业理念的增值。

"内涵式增长管理创新"的提出，对于北京现代来说，是一次革命性的突破，对北京现代人来说更是一次思想的洗礼、思维的洗礼、意识的洗礼。随着"内涵式增长"理念的落实与贯彻、坚持与创新，北京现代找到了新形势下前进的方向，明确了下一个阶段奋斗的目标。

2010年，北京现代开展和推行了包括订单式生产工程、客户之声工程、售后服务提升工程等一系列针对提升客户满意度的工程，优化体系建设，加强企业内部的管理。其中，以订单式生产工程成效最为明显。

订单式管理模式对企业的技术、管理能力以及经销商的配合都提出了更高的要求，所以在国内广泛推广有一定难度，一般国内汽车厂家比较常用的是日订单和月订单的方式。

日订单的优点是"快"，在短期的市场变化中能够迅速调整产销情况。若是遇到企业的储备不足，采购、生产就会面临非常大的压力。从长远来看，特别是在需求飞速增长的国内市场，日订单模式无法保障平稳、高效的产销运作，大大限制了企业的运营提升空间。

月订单模式的优势是时间上较为充裕，降低了生产计划执行偏差，产销运营稳定。但其灵活性差，在面对短周期的市场变化时无法立即作出调整，令库存压力增大。

基于日订单和月订单的优劣势，北京现代在订单管理上采用周订单模式。相对日订单来说，周订单的计划性强，生产及供应系统指向性更强；从时间周期上来说，周订单相对月订单的流程也更加灵活，避免运营周期长，战术调整慢，导致影响企业效益的情况发生。

在推行订单式生产工程之前，北京现代对经销商进行了完整的项目说明、培训和试运行。通过单车种试运行、部分经销商全车型试运行、系统试运行，相关人员集中现场培训、网络培训、重点市场调研、座谈及 Q&A 发布等多种方式，确保了全国经销商在正式运行前熟练掌握操作流程，保障了正式运行时顺畅的过渡与衔接。

除了订单式生产工程，北京现代把提升产品品质作为"内涵式增长"的又一重要平台。坚持"以品质立品牌"的北京现代，在 2009 年提出"GQ－3355"的质量革新战略目标，即北京现代在三年内"产品质量"进入国内汽车行业前三名；五年内"品牌形象"进入前五名。在这一战略引导下，北京现代率先抢占中国车市的"品质高地"。

2010 年，北京现代召开"客户为本，满意全程"主题服务年会，宣布 2010 年为北京现代"客户满意经营元年"，北京现代将从提升客户满意度、市场细分化管理、强化特约店力量、成果评价及奖励和强化区域事业部力量等方面入手，全面实施客户满意经营。同时，进一步确定提升售后服务理念、改善设施的投资、提高维修技术能力等一系列提升消费者满意度的服务新举措。

提升品牌形象以及提高品牌溢价，同样是北京现代内涵式增长的重要课题之一。李峰曾强调说："北京现代目前最重要的是以品质经营为核心，进一步打造出品质过硬的产品和良好的服务体系，让消费者切身感受到北京现代的优良品质，从而加深对北京现代的品牌认识，最终实现北京现代品牌提升的目标。"

对于北京现代来说，无论对行业、周边经济，或是员工，都在潜移默化中发挥着越来越大的影响力。"内涵式增长"的提出，使北京现代再次跨上了一个新的台阶，"品质经营"的理念也真正地深入人心，成为北京现代跻身主流的最佳利器。

全面提升挺进主流

吹响进军主流的号角

"第八代索纳塔月销不过1万辆，我负主要责任！"这是北京现代常务副总经理李峰向徐和谊董事长立下的军令状，这一幕发生在中级车风起云涌、群雄逐鹿的2011年。

当2011年新年钟声敲响时，北京现代以产销70万辆，同比增长近23%的业绩迎来了"内涵式增长"第一年的开门红。同时，更为可喜的是，北京现代2010年的产品结构也发生了突破性变化。从过去的"伊悦"组合"一花独放"，到现在的"四箭齐发"——悦动持续热销月均2万余辆，瑞纳、ix35、伊兰特等3款车型月销均在1万辆左右。北京现代不仅稳固了在中级车市场的领先地位，更在SUV市场和A0级市场取得了重大突破。

其中，"伊悦"组合首当头功，两车型全年总计销售38万余辆；在A0级市场，新车瑞纳气势如虹，联合雅绅特组合突破11万辆；在SUV市场，北京现代杀进前三，"ix35＋途胜"组合连续数月一路走高，年销量接近12万辆；作为征战中高级车市场的主力，领翔和名驭同样不负众望，销售超过6万辆，助力北京现代不断提升在中高级车市场的影响力。值得一提的是，北京现代D级车和SUV销售比例从2009年的18％上升到2010年的26％，中高端车型的畅销有效带动了北京现代品牌形象的提升。

然而，面对如此的成绩，徐和谊董事长仍然"心有不甘"。在徐和谊董事长看来，"得中高级车者得天下"。不在中国的中高级车市场占有一席之地，北京现代就算不上主流车企，而这也将在很长一段时间内成为制约企业向上发展的最大障碍。

2011年1月10日，曾被近百家媒体推荐为"2011年最值得期待车型"的第八代索纳塔在北京现代第二工厂举行了新车下线仪式。正是索八的到来，让徐和谊的心中再一次燃起了冲击中高级车市场的熊熊烈火。年初，他与李峰进行了促膝长谈，核心问题只有一个，那就是必须借助索八上市打开久攻不下的B级车市场，突破品牌的瓶颈，进入主流车企行列。

"只能成功，不能失败"！这不仅是徐和谊向李峰下的命令，也是李峰心中志在必得的关键一役。在他看来，第八代索纳塔就好比"渡江战役"，只有打好这一仗，才能跨过品牌瓶颈的"长江"，将北京现代的品牌伫立在主流车企之中。

有人说，第八代索纳塔"生逢其时"，有北京现代8年的积淀做支撑，构建了完备的营销体系，积累了大量的忠实用户；也有人说，第八代索纳塔"生不逢时"，赶上了中国车市罕见的中高级轿车"集体爆发"，很难崭露头角。

B级车市场群雄逐鹿，在2010年的B级车销量榜单上，本田的雅阁继续处于领先优势，随着市场的持续增长，本田又顺势推出了2011款新雅阁。而仅居于雅阁之后的丰田凯美瑞也不甘落后，在新能源的热潮下推出了混合动力版凯美瑞，大有对雅阁取而代之之势。除此之外，新领驭、新君越、天籁、蒙迪欧的奋力追逐，让整个B级车市场更加夺人眼目。

2011年以来，B级车市场更加风生水起，全新换代帕萨特、起亚K5、雪铁龙C5等几款重量级车型相继上市，全部涵盖了欧美日韩几大主流车系，如今新迈腾的上市标志着欧系新主流B级车全部到齐，这场战斗愈演愈烈。

在这样的激烈竞争下，北京现代第八代索纳塔也于4月8日隆重上市。作为韩国现代在海外市场最为畅销的车型，第八代索纳塔自2010年初在美国上市以来就获得不错的销售业绩，截止2010年11月份累计销售已突破18万辆，在市场份额上同雅阁、凯美瑞共处于第一竞争集团军。虽然现代第八代索纳塔在美国市场异军突起，取得了良好的销售业绩，然而在不同的市场环境和文化背景下的中国市场，第八代索纳塔的表现到底如何，在人们的心中还是打了一个大大的问号。

其实，早在2008年8月8日，北京现代就启动了史无前例的由12个本部、33个部门参与的第八代索纳塔专门攻关小组项目。第八代索纳塔项目正式启动之前，北京现代就已实施了缜密的前期市场调查及消费者调查。经过中外顶尖团队精心研发的中国专属第八代索纳塔，比美国版索纳塔增加了智能迎宾灯光系统、氙气前大灯、驾驶席通风座椅、后视镜带倒车影像、紧急制动提醒系统等 8 项高科技功能。北京现代与百家供应商精诚合作，联手打造完美品质的零部件，保证第八代索纳塔所有零部件品质始终与美国保持同等水准。同时，北京现代严格把控生产每个环节，集全力打造最优质的第八代索纳塔。在北京现代中韩双方的全力配合下，历时28 个月，中国"专供"的第八代索纳塔终于横空出世。

"一款换代车型推出需要五六年时间，如果能顺利越过这条'长江'，我们今后再推出这个级别甚至更高级别的车型就能顺理成章，但如果这次'战役'失败了，我们就只能蜗居在中低端市场。"李峰非常清楚，"索八"的推出就是一场将北京现代推上又一个新台阶的攻坚之战，事关全局、不容有失。

进攻的号角已经吹响，第八代索纳塔正承载着北京现代人的激情与梦想疾驰而来！

一款车提升一个品牌

关键一役。北京现代把 2011 年定为"索纳塔年"，全力突破。同时围绕这一年度主题，确定了"提升品牌、调整结构、强化管理"的经营方针，来深化"内涵式增长"的理念，以第八代索纳塔销量的突破带动品牌影响力的升级。

从 2002 年成立到 2011 年第八代索纳塔上市，经过九年时间的快速发展，北京现代在产销量上早已成为国内轿车企业中的佼佼者。不过，市场竞争的紧迫与北汽集团做强的目标都要求北京现代必须做的更好，打好索八之战。

不打无准备之仗。从中高级车销售经验上来看，月销五六千台是一个基础，只有跨入一万台才能在市场上形成影响力，才能在这个市场站住脚。为了达成全年销售5万辆的目标，北京现代做好了万全的准备。

在第八代索纳塔进入市场初期，市场反应并不强烈，李峰常务副总经理在深刻分析市场情况后认为："从根源上来讲还是品牌影响力低的原因，从历史经验看，现代车型在消费者之中的口碑积累是一个慢热的过程，消费者可以慢热，市场却不能。"他坚持认为，"索八"一炮打响绝不能靠等，而要通过有效的营销运作来主动给市场"加温"，点燃消费者的热情，影响消费者的行为，使消费者"快热起来"。

市场不是赌局，参考企业、产品、营销等各方面的准备，北京现代用"三加"将第八代索纳塔打造成了一款动人的中高级精品。首先是品质"加量"：中国市场的第八代索纳塔高于北美款配置，在国内同级车型中也是科技智能的代表。其次是营销"加热"：推出大手笔的"原值回购"置换、大幅让利等激励市场的推广活动。最后是服务"加新"：首次在国内推出"五年10万公里"的售后服务政策。这些都使得第八代索纳塔在强手如林的中高级车市场迅速脱颖而出。

与经销商的风雨同舟，与消费者的一路同行，北京现代在9年的时间里积累了丰富的资源。经过近九年的时间，北京现代已经在全国拥有了220多万个客户，为了回报消费者，北京现代推出了"原值回购"的二手车置换升级策略，有效地突破了"索八"上市"静默期"，迅速点燃了市场，带来了销量的节节攀升。与此同时，北京现代推出了极具刺激和挑战性的奖励政策，极大地调动了经销商的积极性，"索八"的销售在短时期内步入了正轨。

为了巩固市场热销的局面，北京现代上上下下都"激进"起来。不论是领导亲自上阵主攻浙江、江苏、北京、广东等区域市场，还是在全国4S

店配备索八专属销售服务团队，以及上门试驾、"分期付款"、限时"秒杀"等活动，特别是赞助马拉松比赛、环北京自行车赛、音乐剧《妈妈咪呀》等社会公益项目，成为北京现代围绕索八销售而形成的立体销售攻略。

第八代索纳塔上市之后连续三个月月销售突破6000辆，此后又连续4个月月销量突破"万辆"大关，成功挺进B级车市场，进而成为新的主流——"2011年度最值得期待新车"、"2011媒体推荐车型"、"超级汽车年度最值得期待新车"等荣誉纷纷接踵而来，就连国内历史最长、专业度最高、权威性最强的"中国年度车型"大奖也被第八代索纳塔收入囊中。"中国年度车型"的获得，打破了欧美日系车企连续9年长居榜首的格局，这也再次印证了第八代索纳塔的超强实力和主流车型地位。

做品牌没有上限，但是有底线，这种底线就是客户对产品的信赖和在这种信赖基础上的依赖。"索八"的上市迅速建立起了客户对北京现代B级车的信赖，增强了对北京现代品牌的依赖。

一款车也可以提升一个品牌。

北京现代以索八的成功提升了北京现代的企业品牌和产品品牌，北京现代以主流车企的姿态进入新的十年。

第四章　幸福生活

　　幸福是什么？每个人心中都有一个属于自己的答案。在北京现代人心中，"追求卓越品质，共创幸福生活"不仅是企业宗旨，也是每个人心中最大的愿望，这个愿望也是每个北京现代人的幸福之源。

　　制造幸福、输出幸福、服务幸福是北京现代给予客户的幸福承诺。北京现代从质量控制、销售策略、售后服务等几个方面入手，不折不扣地将幸福事业进行到底。

　　作为一个多次刷新行业记录的传奇企业，北京现代并不隐藏自己"顾客即上帝"的成功秘诀。以"追求卓越品质，共创幸福生活"为己任的北京现代，选择以坦诚、开放的态度贴近消费者，倾听消费者心声，不断用真心、真情为客户呈现拥有卓越品质的产品，并让车主尽情享受北京现代所能创造的幸福生活。

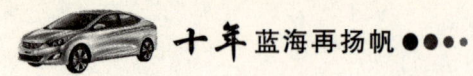

用一流品质"制造幸福"

工欲善其事，必先利其器

十年来北京现代取得了辉煌成绩，人们不禁要问，北京现代以何立身，制胜之道又是什么？北京现代能做出的回答只有两个字：品质。北京现代的理念是"品质经营"，而非传统所说的"质量经营"，这就表明北京现代的目标并非是单纯以外界指标为产品和服务的衡量标准，而是要在达到指标的同时，将内在品质通过品质外化的方式来达到其更高的目标。

北京现代坚持以品质经营为核心，进一步打造出品质过硬的产品和良好的服务体系，让消费者切身感受到北京现代的优良品质，从而加深对北京现代的品牌认识，最终实现北京现代品牌提升的目标。正是靠着将"品质经营"的理念不断植入体内，才使北京现代破解了搏击市场赢取未来的制胜之道。

品质成就品牌，对品质的追求贯穿于企业经营的各个环节。成立十年，北京现代不断完善生产及质量管理体系，严格把关，确保产品高品质。北京现代生产本部长李继凯深知，作为最终要面对市场和消费者的生产制造行业，产品品质就是企业的名片。让自己的产品始终保持卓越的品质，是北京现代做大、做强、做久的不变真理。任何一种产品，其卓越品质的形成，既不同于轰轰烈烈的革命，也不同于随行就市的集市买卖，而是一种执著不变的爱，一种坚持到底的付出，一种持续不断改进的结果。随着时间的推移，对卓越品质追求的理念从细节上潜移默化地影响着北京现代的成长轨迹。

为打造优质企业名片，北京现代建设了世界级的硬件设施，先进的技术装备为打造一流的产品品质奠定了基础。2008 年，由冲压、车身、涂装、总装等四大工艺车间以及技术中心五大部分组成的北京现代第二工厂竣工投产。四大车间融合科技化、智能化的生产理念，采用多部世界顶尖设备，其中车身车间第一阶段共采用 266 台自动焊接机器人进行操作，生产自动化率达到国内最高水平。第二工厂的工艺技术水平在现代汽车全球的合资和独资工厂中已居于前列，是目前世界上最先进的汽车制造工厂之一。技术的先进性和柔性生产线的运用，为新品引进提供了绝佳的平台。

"技术先行"是北京现代第二工厂建设的一个重要原则。坐落于北京现代第二工厂内的技术中心，是包括市场研究、创意造型、工程开发、分析仿真、试验试制、项目管理、形式认证等功能齐全、设施一流、人才配套的现代化轿车研发基地。技术中心针对中国汽车市场的需求开展本地化研发，从而为北京现代提供更多，更适合中国市场的新车型。对于新车型的推出，即使是引进车型进行本土适应性改造，北京现代也不惜重金，用五六十台车进行各种破坏性的试验，以确保产品质量。在生产现场，北京现代的每一次生产线改造结束之后，都要请专家进行现场质量检测，并对试生产的产品进行耐久性等多项试验，只有经过所有的检测才能正式生产。

在产品技术方面，北京现代逐步掌握了 DOHC、CVVT、V6 等相关发动机技术，并实现了三大系列发动机的制造与装配。另外，H－Matic 变速器、BAS（制动辅助系统）、FTCS（完全迅即控制系统）、AQS（空气质量自动控制系统）等诸多具有国际先进水平、领先国内车市的汽车应用技术陆续在北京现代的产品上得以使用。

在材料采购方面，北京现代采购部门事事想在前面，事事领先一步，充分发挥了企业发展"先行官"的作用，把好了品质的第一道关口，用"最合适的价格、最好的质量、最快的速度"来履行自己的工作职责。完善的供货渠道是确保产品品质的重要条件，因此对企业部品质量和部品供应的管理尤为重要。北京现代针对产品质量的控制管理，制定以"5星评价"和"SQ－MARK评价"为主要内容的质量保证体系。通过与配套企业形成战略合作伙伴关系，加强对配套企业的日常管理，将配套企业纳入到北京现代的品质管理中。

在质量监控方面，北京现代除了不断完善在线实时监控，还坚持开展售前检查工作。在北京现代，售前检查项目多达300多项，车间工人站在用户立场上，以近乎苛刻的态度对车辆进行全面检查，有效保证了产品的卓越品质。

品质是企业发展壮大的根基，然而对于企业的品质，有一部分是很容易被看到的，可以被外化为产品、产量、评审和排名等指标；另一部分则是隐藏在这些具体的数字绩效之后的，比如管理、制造技术、人才培养，以及产业链的优化，它们不容易被外界关注，却是生成外化指标的内在推动力。

认真对待，一丝不苟。对于产品的质量管理，北京现代全员参与、全过程参与。在各个生产制造环节，北京现代都将品质做到精益求精。

紧抓质量不放松

品质是北京现代生产经营的灵魂。近10年来的高速健康发展，北京现代依靠的是一流的产品品质和严格的质量控制体系。北京现代不仅采用大量国际先进自动化制造装备及在线检测设备确保产品质量，还制定完成与最高程度自动化生产线相适应的质量保证体系。通过完善的质量保证体系与高效的自动化生产线的有机结合，将北京现代的"品质经营"提升到一个新的水平。

北京现代为了深化质量管理的理念，明确提出了"让顾客享受超值，抓质量命脉，促持续改进，造世界级汽车"的质量方针，这也进一步明确了北京现代对质量管理的宗旨和方向。

2009年，北京现代提出了"GQ3.3.5.5"质量战略目标，即在三年内"产品质量"进入国内汽车行业前三名，五年内"品牌形象"进入前五名。这一战略目标的发布，正式宣告了北京现代为提高品牌形象，走进品质经营的时代。

为了践行品质经营理念，完成"GQ3.3.5.5"的质量战略目标，北京现代将品质目标详细分解为厂内品质、出库品质及市场品质等三大部分，分步落实，务求实效。其中，厂内品质的主要指标为整车生产合格率，即产品一次通过整车检验或下线维修经检验合格的产品百分率；出库品质的主要指标为PDI直行率，即产品一次通过最终检验，不需要下线维修的合格产品的百分率；市场品质的主要指标为IQS（新车质量满意度调研）及CS1000。

有目标，有落实。目标实现的重要基础，就是行之有效的管理体系。在李继凯的直接带领下，北京现代对质量目标实行程序化管理，制定了质量目标的管理规定，每年年初由质量运营室根据上一年度的质量业绩制定年度目标，各个部门根据新的公司质量目标进行逐级分解，最终将质量目标落实到每一个班组和每一名员工。在产品实现的各个阶段，质量运营室都要对质量目标的达成情况进行监控，并即时掌握未达成目标的问题及原因，对问题进行统计分析后责成相关部门进行改善，并对改善效果实施跟踪，确保产品符合各项指标。精细的目标管理不仅确保了质量目标的达成，也逐步打造了北京现代卓越的产品品质。

在生产过程中，为了保证产品品质的一致性，凡是对产品质量有影响的过程以及重体力劳动都由机器人完成，冲压、车身、涂装、总装等四大工艺车间的自动化率均达到国内领先水平，尤其是冲压和车身车间的自动化率更是达到了100%，使整个加工制造过程更加精密和可靠，进一步加强了产品质量的一致性控制。

在产品的检验方面，北京现代建立了车身三坐标测定室、涂装试验室、部品材料及性能耐久试验室、总合检具室、整车评审室、发动机耐久试验室、发动机测量室、整车排放试验室和计量室等专业试验室及检测场所，检测及试验设备达到200多台。检验过程中，北京现代采用工人自检、现场质检员检验、现场100%的整车检测及定期抽检相结合的质量监督体系，在车辆出厂之前再由销售本部所属的检验部门进行终检，层层把关确保产品符合各项质量要求，从而打造出值得消费者信赖的优质产品。

在拥有世界领先的技术设备的基础上，北京现代在2008年开发了全球质量管理系统（GQMS），使质量信息的传递更加及时有效，也保证了产品质量检验及试验的可追溯性。

除此之外，北京现代充分运用全体一线员工的智慧，制定了提案改善制度，鼓励全体员工在日常工作中将发现的问题点进行立项改善，并根据改善情况进行项目发表和奖励。这样一来，不仅充分调动了全体一线员工的工作积极性，降低成本、提高质量，也使生产工艺进一步得到优化，产品品质显著提升。仅2011年，就完成提案111760件，为企业节省金额多达 20.8 亿元人民币。

有了精良的设备和先进的管理体系做支撑，北京现代品质经营的理念正在企业发展中逐步显现成效。从打造优质产品到品质经营理念深入人心，北京现代将品质融入了自身发展的血脉，"品质之路，现代之道"也成为指导企业科学发展的哲学思想。现在，北京现代对品质的追求已经从产品延伸到了消费者生活之中，以实际行动诠释着"追求卓越品质，共创幸福生活"的企业宗旨。

职业汽车人造一流产品

在北京现代的职工中，很多人都以自己是"北京现代人"感到自豪。这种自豪来自越来越多对品牌价值认可的人文价值。

人是企业的第一资本。无论是产品品质、制造品质还是管理品质，归根到底要靠人来提升，从某种意义上来说，人的品质决定了其他一切的品质。因此，北京现代一直坚持"用一流人才，办一流企业"的理念，在抓好人才队伍建设中，特别注重抓好技能人才队伍的建设。

要制造品质过硬的产品，就需要专业性强、职业技能良好的汽车人才。北京现代将提升技能人才的综合能力贯穿招聘、培训、规划和管理全过程，真正做到了用职业汽车人造一流产品。

优化一线员工结构，抓好源头。2012 年杨镇工厂正式投入使用，北京现代的职工总人数已经增加到 12000 人，其中一线蓝领员工所占比例高达 80%。作为直接生产制造汽车产品的主体，这些蓝领员工的业务素质直接决定着汽车产品的品质。因此，北京现代始终注重从源头抓职工素质，实现蓝领员工招聘"高起点"。凭借北京现代在社会上较高的知名度，北京现代加强与顺义劳动局等机构合作，通过定期举办专场招聘会等方式，吸纳本地优势人力资源，并通过与大兴、平谷等周边区县职介机构建立长期稳定的合作关系，增加对外区县优势人力资源的吸纳。同时，为了进一步提高北京现代一线员工的知识结构和技能基础，北京现代加大校园招聘力度，通过与大中专院校建立中长期订单式合作培养模式、在应届实习生中组建"北京现代冠名班"、强化企业在学校的宣传力度、提前抢占校招资源等多种形式，深化校企合作，稳定并不断拓宽校园招聘渠道，使更多优秀的大中专毕业生融入北京现代，充实到生产一线。

提升一线员工技能，抓好培训。优质的人力资源奠定了北京现代一线员工高素质的基础，长效、有针对性和实效性的员工培训则是北京现代一线员工成为"职业汽车人"的关键。

2009年北京现代制定了"现代之路"——员工培训与发展战略，其理念为"使培训成为员工成长的阶梯，企业发展的助推器"，通过三级组织管理和三级培训网络来搭建"四级四力"的员工培训体系，即：通过公司制度教育、价值与态度教育、安全教育等六大模块对新入职员工实施岗位胜任力培训；通过网络商学院、学分银行等平台对技术工人、管理骨干、后备干部实施业务创新能力培训；通过与清华大学校企合作平台，开展工商管理研修教育，提升经理团队高效执行力；充分利用社会资源平台对高级管理人员进行领导决策力培训。北京现代将对一线员工的培训放在了与高管培训同样重要的位置。

以全面提高工人综合能力与技能水平，促进一线技能人才队伍综合素质、职业技能、团队管理能力等全方位职业发展为培养目标，北京现代制定了一系列专门针对蓝领员工的培训制度，创建了从初级工到技师、从普通员工到总班长的分层次、分重点的工人培训平台，构建了公司、分厂、车间、班组，内训、外训全方位培训网络，创新了学分银行、学历教育和高技能培训等多种培训方式，增强一线员工的业务创新能力。北京现代充分利用政府及院校资源，持续推进工人职群学历教育和高技能培训。通过学分银行项目，对优秀一线班组长、技能人才、技术骨干进行系统的基础文化知识和管理技能的培训，使其在得到技术技能、管理水平提升的同时也能获得学历方面的认可，促进一线综合素质、职业技能、团队管理能力等全方位的职业发展。

搭建一线员工晋升平台，抓好技能人才队伍建设。 高素质的一线员工队伍是北京现代制造一流产品的保证，随着北京现代规模的不断扩大，进一步提升一线员工技能水平，打造一支技术过硬的技能人才队伍成为北京现代提升产品品质的重要环节。

2008 年北京现代在人才发展规划中提出，要构建 1000 名技师人才队伍。从工人到技师，北京现代为一线蓝领员工搭建起持续提升与晋升的平台。

针对不同的技术岗位，北京现代为一线员工设计了两条成长轨迹：将一线蓝领员工岗位划分为熟练技术工种与复杂技术工种。针对熟练技术工种，参照职业技能标准，结合岗位作业要求，遵循职业技能等级晋升规律，使操作者按照标准作业者、多能作业者、全线通作业者、改善指导者的路径成长，建立熟练技术工人的成长通道；针对复杂技术工种，把岗位技能要求提炼为要素点，并归结为不同的技能模块和知识要求，按照对作业技能掌握的复合程度进行能级划分，采用分阶段分批次短期技术培训强化班，推进复合型技能人才成长。

北京现代依托技能大赛、技能鉴定站等方式，加速技师队伍建设。北京现代通过参加全国、北京市、公司级三级职业技能竞赛，全面提高工人综合能力，扩大高技能人才比例，对成绩优异的年轻技能工人不限年龄及工龄，给予破格晋升职业资格的通道，激励一线员工积极性。通过发挥技能鉴定站作用，北京现代将赛鉴结合，积极开展工人职业技能等级培训、鉴定工作。同时，北京现代将理论和实际操作考核相结合，一线员工在完成国家职业标准中对相应等级规定的培训学时，并且技能水平真正有所提升后，即可得到行业资质的认可，从而进一步拓展了一线员工取得行业资质的渠道。

此外，北京现代积极推行首席技师制，制定了首席技师管理办法，用规范的制度鼓励首席技师创建创新工作室，充分调动车间广大职工投身经济技术创新活动的积极性、主动性和创造性。首席技师工作室在运营中，集中优势力量攻关重大技术项目，同时传播先进技术经验，为工程技术人员、一线技能工人在技术创新方面提供了平台。

十年来，北京现代培养了一支数量可观的高素质技能人才队伍，为确保产品质量，促进企业快速发展提供了坚强的保证。

用精准营销"输出幸福"

"四重奏"演绎幸福乐章

"追求卓越品质，共创幸福生活"是北京现代的企业宗旨，更是为之奋斗的目标。十年来，北京现代产销量不断攀升，产品结构不断调整，在激烈的市场进程中，演绎了一曲精彩的营销"四重奏"。

体育营销打开全民认知的大门。2003 年 3 月，北京现代斥资 1.18 亿元人民币独家买断北京国安足球队 3 年的冠名权及其他形象开发权，这一举动在当时不仅打破了中国足球俱乐部数额最大的赞助协议纪录，也使得北京现代一时间成为全国球迷家喻户晓的名字。对成立不到半年时间的北京现代来说，赞助北京国安足球队是奠定企业品牌基础的关键一役。之所以选择体育营销，就是看准了体育运动中"更高、更快、更强"的竞技精神与北京现代"追求卓越品质"宗旨的一致追求；选择北京国安，就是看重了球队"永争第一"的顽强拼搏精神和北京现代"知难而进、志在必得"企业精神的完美契合。北京现代与北京国安的强强联合，引起了强烈的"化学反应"，伴随着球队跻身中超联赛，战绩不断攀升，北京现代在中国的知名度急速扩大，打开了全民认知的大门，积极向上的品牌形象迅速赢得消费者青睐，为企业的发展奠定了重要的群众基础。

随后，北京现代接连施展体育营销策略，不论是世界杯、欧洲杯等具有超高国际影响力的大型足球赛事，还是环北京职业公路自行车赛和北京国际马拉松大赛等极具地域特色的国际赛事，北京现代通过体育营销将品牌带到了世界各地，并逐步在打开国民认知度的基础上实现了品牌力和影响力的全面升级。

"悦伊"组合实现差异化的完美。2003 年，北京现代伊兰特闪耀上市，凭借着"百万公里无大修"的品质和超高的性价比，伊兰特多年来始终是家轿市场上的常青树，拥有扎实的用户基础和无与伦比的口碑影响力。2008 年，作为北京现代二工厂生产的第一款车型，悦动以时尚大气的外形、超强的动力和出色的品质迅速在市场热销，上市当月销量就突破一万台，成为中国 A 级车市场中的一颗耀眼新星。

随着中国经济的发展，人民生活水平显著提高，继一二线城市之后，二三线城市家庭用车需求飞速增长，庞大的刚性需求直接拉动了 A 级车的终端销量节节攀升。在冷静分析市场形势后，北京现代制定了"差异化"营销策略，即将悦动和伊兰特组成"悦伊"组合，针对不同市场进行有针对性的差异化营销。悦动主打一二线市场，目标人群为 25—35 岁的青年人；伊兰特在稳固自身成果的同时，重心向二三线市场倾斜，目标人群为 35—45 岁的中年人。差异化的营销策略，不仅实现了优势互补，满足了不同消费者的购车需求，也有力地保证了市场份额的快速提升，使北京现代更加深入人心。2010 年 10 月和 11 月，悦动和伊兰特的销售总量分别突破 50 万辆、100 万辆大关，双双刷新中国车市纪录，又一次展现了惊人的"现代速度"。悦动和伊兰特这对"冠军组合"，也成为北京现代差异化营销策略的典范。

凤凰涅槃，雅绅特之瑞纳，途胜之 ix35。 在当前的中国车市，瑞纳和 ix35 毋庸置疑都是各自细分市场中的佼佼者，出色的外形和超高的性价比使得这两款车深受消费者追捧，产销量也始终位居市场前列。其实，瑞纳和 ix35 的成功并不是一蹴而就，而是在雅绅特和途胜打造的良好基础之上实现的浴火重生。早在 2006 年，北京现代就推出了经济型家用轿车雅绅特，并凭借较高的性价比和出众的品质广受家庭用户好评，是国内最畅销的 A0 级三厢家轿之一。途胜是北京现代于 2005 年上市的第一款 SUV 车型，浑厚的外形和成熟的技术使途胜自上市之时，销量就一直稳居在城市 SUV 市场前列。2009 年，途胜更是在众多 SUV 车型中脱颖而出，一举获得中国质量管理协会公布的 2009 年全国轿车用户满意度测评 SUV 第一名。

虽然雅绅特与途胜都不曾大红大紫，但是正是源于这两款经典车型的经久不衰，为北京现代在 A0 级和 SUV 级市场中开拓了重要的根据地，从而使 2010 年相继重磅出击的瑞纳和 ix35 在两个细分市场中吸引了大量的消费者，真正实现了"一飞冲天"。外形灵动的瑞纳在古朴的雅绅特衬托下，更加显得动感而时尚，符合当代青年人追求个性与时尚的特点；ix35具有靓丽的外形和高科技配置，洋溢着年轻的激情，与外形沉稳、主打经典实用路线的途胜相得益彰，俘获了不同个性都市新锐的心。由雅绅特到瑞纳，由途胜到ix35，北京现代不仅实现了产品的完美升级，也成就了品牌力的华丽提升。

索纳塔蜕变突破中高端瓶颈。对经历了十年磨砺的北京现代来说，中高级市场是北京现代历经挫折洗礼，隐忍蛰伏后强势出击，失而复得的一块重要阵地。从2002年第一辆索纳塔轿车下线，北京现代就将目标锁定在了中国的中高级轿车市场。此后几年，索纳塔始终以卓越的品质和良好的口碑在中高级市场中占有一席之地。然而，随着中高级汽车市场的竞争加剧，新品牌、新产品层出不穷，打破了原有市场的平静。自2006年开始，索纳塔在中高级市场中的表现逐渐显得不尽如人意。从索纳塔御翔到索纳塔领翔，北京现代始终在寻求产品的突破，希望借助索纳塔系列日益精湛的工艺和科技领先的技术再次闪耀中高级市场。

如果说御翔、领翔是索纳塔低谷时的蓄力，那么第八代索纳塔就是北京现代索纳塔系列尖峰时刻的一次强烈爆发。2011年，承载着北京现代突破中高端市场瓶颈重任的第八代索纳塔震撼上市。"流体雕塑"的时尚外形打破了索纳塔在消费者心中的固有形象，专为中国市场打造的智能科技配置更是令消费者感受到了北京现代的诚意。就这样，第八代索纳塔在充分借鉴前几代索纳塔优势与不足的基础上，实现了"脱胎换骨"，不仅打动了消费者，也再一次以连续月销破万的骄人业绩笑傲中高级轿车市场，为北京现代未来进军更高层级的市场撕开了一道口子。

无论是体育营销还是差异化营销，无论是"兄弟"携手还是改造升级，北京现代始终将消费者的需求和品质经营的理念作为一切营销策略的出发点和落脚点。北京现代用"四重奏"将幸福输送到了每一名消费者的心中。

"末梢" 的活力撑起立体化营销

随着改革开放的不断深入，中国居民消费水平稳步提升。特别是近十年来，中国居民消费水平增长了近两倍。同时，中国城镇化建设的稳步推进，使得城镇人口数量激增，2011 年，中国大陆城镇人口首次超过农村，城镇人口比例超过总人口半数以上。

随之而来的，是中国城镇人口购买力的提升，随着收入水平的不断提高，二三线城市对产品的需求快速增长，带来巨大的消费市场。投射在汽车消费市场中，突出表现为私人汽车保有量大幅提升。2002 年，中国私车保有量为 2054 万辆，到 2011 年，该指标已经升至 7872 万辆，10 年增长了近 4 倍。二三线城市成为增长主体。

面对二三线城市表现出的旺盛的市场需求，北京现代制定了紧密贴合消费者的销售策略，大胆创新营销模式，拓展销售渠道，妥善处理好了销售中远和近、大和小、点和面等问题，实现了需求在哪里，网络就延伸到哪里，切实将幸福输出至市场末梢。

开放的市场需要灵活的策略。2007 年，北京现代正式提出了营销渠道的发展方案，对原有渠道建设模式进行调整，在原有以品牌销售 4S 店为主导模式的基础上，创造性地提出了发展"卫星店"概念。

"卫星店"满足了消费者对便利的要求。购车、保养、维修……二三线城市的消费者不再需要为爱车长途跋涉，客户的需求在更近的距离和更短的时间得到满足，消费者的满意度提升，北京现代的美誉度随之增加。在满足消费者需求的同时，北京现代的"卫星店"营销策略也为经销商带来了实惠。

北京现代将卫星店的建设权力下放给经销商，4S店可以根据市场需求和自身能力，选择是否建设卫星店，以及建设的数量，同时，北京现代明确了4S店与卫星店的关系——4S店是核心、是主导，而卫星店是辅助。按照北京现代的统一审批规定，卫星店的店面装饰、经营面积等均得到相应简化，既满足了相应功能，也大幅降低了经销商成本投入。更重要的是，卫星店的建设，更加科学有效地规划和配置了北京现代的销售资源，减少甚至避免了同品牌产品的销售内耗，使经销商能够把更多的功夫下在营销本身，在更好地为消费者提供服务和便利的同时，进一步提高了北京现代汽车的销量，扩大了市场占有率，北京现代的销售服务半径延伸至市场末梢。

以地处中原的河南省为例，建有卫星店的4S店销量均有增加，带动北京现代产品所占市场份额由之前的7%提升至了15%，远超同期北京现代产品在全国所占的7.2%市场份额。

目前，北京现代在全国的销售渠道网络建设已突破500家，服务站150余家，卫星店120余家，省会城市以下的地级市覆盖率达到70%，由于销售态势良好，北京现代在全国各地新建卫星店的销售量增长均达到了50%以上，许多卫星店甚至向北京现代提出改建为4S店的请求。预计到2012年年底，北京现代在全国建设的卫星店将达到150家。

销售服务延伸至市场末梢，带来的直接效益是北京现代汽车销售业绩的攀升，而其更深远的意义在于，市场末梢迸发的活力催动了北京现代整个立体营销体系的运转。

末梢活力催动了营销格局的区域化。以点带面，"卫星店"的建设使北京现代的销售渠道覆盖面大大拓宽。2007 年 9 月北京现代开始尝试在销售区域管理方面进行调整。有的放矢，突出重点，北京现代以经济发展水平为依据，将全国销售网络划分成三大区域，并将销售本部所属的办事处从 7 个增加到 9 个。各区域可以根据各自经济发展与文化特点，有侧重地制订商务计划与营销活动。

末梢活力催动了产品投放的差异化。根据不同区域市场的消费群体特点，北京现代在产品定位上紧密结合市场需求，制订符合各地不同客户的多层次需求的产品营销策略——经济发达地区的客户主要考虑价格的要求，适合价格促销；而经济不发达地区则主要通过展会方式来宣传、介绍、促销产品。在"伊悦"的组合营销当中，北京现代除了针对不同年龄人群做了差异化营销之外，在产品的区域投放方面也作出积极调整——在2008 年"悦动"上市时，老车型伊兰特并没有选择退市离去，而是转身杀入潜力巨大的二三线市场，使得性价比较高的伊兰特增强了销售后劲；2009 年上市的"名驭"，也同样指向二三线市场，与"领翔"区别定位，联手在中高级车市场拼杀。

末梢活力催动了宣传方式的全面化。从悦动、i30 的明星代言宣传，到雅绅特、伊兰特的证言式广告，再到索八的大规模预热与微博营销等新媒体营销相结合，北京现代在营销的宣传方面做到了思路清晰，定位准确，手段创新。结合产品投放目标市场的差异，北京现代产品宣传覆盖报刊、广播、电视、展会、广告牌、互联网等各类宣传平台，特别是近两年兴起的微博宣传和微电影营销方式，在向市场输送产品信息的同时，将品牌形象和理念输送给了产品的客户或潜在客户，培育了消费者的品牌忠诚度。

末梢活力催动了营销模式的人性化。汽车的营销，既是产品的营销，又是服务的营销，其根本是建立消费者对产品的信赖和品牌的依赖。北京现代深刻认识到这一点，在营销模式上下功夫，将人文关怀渗透进营销全过程。北京现代致力于在输出幸福的同时建立消费者对品牌的认同感，其内部刊物《北京现代报》会定期发放到营销网络和消费者手中，让北京现代的客户时刻了解北京现代的发展动态，增强对企业的认知。同时，开展诸如"车主回娘家"、"回娘家看奥运活动"等实际的客户关爱活动，真切地让消费者增强对北京现代的了解和认同。

末梢活力催动了品牌形象的多元化。北京现代的汽车产品覆盖不同级别、不同车型，其丰富的产品线为北京现代十年来的持续快速发展奠定了坚实的基础，同时，丰富的产品线也为北京现代树立了较为多元化的品牌形象。通过索八、领翔、御翔等中高级产品树立稳重大气的形象，通过伊兰特、雅绅特等性价比高的产品树立经济耐用的形象，通过悦动、瑞纳、朗动等针对年轻人的产品树立动感时尚的形象，北京现代通过十年的不懈努力，逐步树立起一个完整立体的品牌形象，同时，也赢得了消费者的认同。

用周到服务"创享幸福"

从突破行规到引领服务

中国的汽车消费市场正在面临着一场重大变革。汽车消费数量的激增使中国一跃成为世界第一大汽车消费市场，全球范围的汽车企业都更加重视开发和占领中国市场，各大厂商都加快了将新车型、热销车型引入国内的步伐，甚至越来越多的车型选择在中国市场首发，中国汽车市场迎来了同步的国际化产品。然而，中国消费者在享受到最新技术、与国际接轨的汽车产品的同时，却并没有享受到与国际接轨的售后服务。

产品导向，是中国汽车市场的普遍理念。面对庞大的市场"蛋糕"，中国车企对销量增长速度的关注明显超过了对售后服务的关注，使得汽车售后服务水平良莠不齐。销售国际化汽车产品，却较难实现国际化汽车售后服务，是中国汽车市场发展面临的瓶颈。

北京现代认识到，汽车产品具有国际化品质，服务理应与之配套。要突破瓶颈，必须改变现有的市场规则，将国际化的服务标准引入中国汽车市场，实现汽车服务标准与国际接轨。这一理念的变革适逢北京现代调整产品结构，丰富市场投入产品线之时，对于轿车，特别是中高级轿车来说，售后服务能力是品牌形象和品牌价值的重要一环，要全面打造北京现代的品牌形象，提升其品牌价值，推行国际化服务势在必行。

这是理念的变革，更是实践的变革。

北京现代在深入分析自身情况后认为，长达 8 年的品质经营为北京现代突破售后服务"行规"提供了坚实的保证：供应商的军事化管理保证了零部件的高品质，整车制造工厂的零缺陷、先进的全程机械化流水线和 6M 管理经营手段为产品品质全力护航，品质经营打造了北京现代深具"品质力"的产品力，伊兰特百万公里无大修的纪录依然是用户和业界津津乐道的佳话。而完善的体系建设则为北京现代的"突破行规"提供了更加便捷的条件。

据此，北京现代在 2008 年推出了"5 年 10 万公里"的售后服务政策，将发动机、变速箱等动力总成的保修期从此前的 2 年或 6 万公里延长至 5 年或 10 万公里，同时还在消费者普遍关注的 12 类消耗品配件上实施了 3 个月 5000 公里的保修政策。与业内普遍约定俗成的 2 年 6 万公里的保修期相比，这一政策将消费者的保修价值提升了近 70%。

随着索八的上市，这一价值再次提升——北京现代将第八代索纳塔"5 年 10 万公里"保修范围扩大至"整车保修"。这不仅旗帜鲜明地体现了北京现代"以消费者利益为中心"的企业宗旨，更展现了北京现代对产品质量的高度信心。

消费者是这一政策的真正受益者。车辆行驶时间越长，里程越高，发生故障的几率也越高，厂家要承担的维修成本就越高：与一些提供 2 年 6 万公里质保的同级别车相比，索八提供的 5 年 10 万公里保修服务，将为车主节省 2.4 万元至 6 万元的维修保养费用。调查显示，约有 50% 左右的中国消费者换车周期为 5 至 6 年，更有 30% 的消费者换车周期小于 4 年。因此，5 年对于大多数消费者而言，已经是一辆汽车的全部使用寿命。基于这种情况，北京现代"5 年 10 万公里"整车保修服务相当于为客户提供了"终身"保修，这使消费者在全部使用周期中都能更加从容、更加放心。而索八上市之后旺盛的销售态势也印证了这一系列真诚为消费者提供便利和实惠的措施，得到了消费者的认可。

这一新标准的实施，更给汽车行业带来了新气象。"此举是对汽车服务从内容到意识的革新，更为服务的竞争划定了一个全新的起点"。北京现代因此成为汽车服务新规则的制定者。北京现代在汽车服务方面先发先至，由此带来中高级汽车服务与国际接轨的变革山雨欲来，促使同级车型服务求新求变的"鲶鱼效应"初步显现。

不战而屈人之兵

随着中国向汽车社会的大举迈进，汽车市场的竞争日趋白热化，市场竞争也屡现"真刀真枪"的营销遭遇战，特别是同级别车之间屡见不鲜的价格战，看似为消费者提供了实惠，实则为汽车市场无序竞争埋下了隐患。在过去几年中，这种无序竞争或多或少都为汽车企业带来了损失。

市场呼吁更趋理性科学的竞争方式，消费者也逐渐认识到汽车消费全过程优质环境的重要性，于是，近几年来，汽车消费市场竞争的战场开始从"前市场"向"后市场"转移。

如何不让自己深陷"价格战"泥潭，而是稳操胜券的不战而屈人之兵，北京现代认为，以整车销售为中心的"前市场"，关键的核心竞争要素是技术、营销、产品力等等，而以服务为主的"后市场"，则考验企业的综合实力。要在把握好"前市场"的基础上，占据"后市场"，才能真正实现技高一筹，甚至决胜千里。

靠产品品质制造幸福，靠立体营销输出幸福，这是北京现代与消费者建立起关系的基础，而如何维护和提升这种关系，北京现代从提升服务，延伸"后市场"的角度，努力实现着靠周到服务创享幸福的目标。

售后服务作为汽车产品的延伸，同样具有品牌价值。因此，北京现代始终秉持着"在汽车使用寿命周期内保证消费者安心、放心和舒心"的理念，将"获得较高的顾客满意度、在车辆整个生命周期始终保持良好的可靠性"作为重要的课题，并以确保产品品质为基础，通过提升维修保养服务的专业性、便利性和效率性，来提升服务品质，使其成为有效提升消费者满意度的重要保障。

透明化操作管理确保客户安心。北京现代在全国各 4S 店逐步推进"透明车间"系统工程，这一系统贯穿服务全程，从进厂接待、维修、完工、通知到统计分析，从客户入厂到结算出厂全部实现了透明化操作和管理。"透明车间"这一全新的差异化服务举措旨在通过主动、高效、先进和可视化的管理手段提高客户满意度，让售后服务更透明，让消费者更放心。

先进检测设备确保客户舒心。北京现代导入先进的故障诊断系统，通过数据分析迅速找出故障的根源，同时加大了对便携式汽车检测工具的研发，大大缩短了维修和用户等待的时间，显著提升了客户满意度。

增加服务网点确保客户省心。北京现代不断加大二三级市场的营销服务网点建设，提升消费者维修保养的便利性。庞大的售后服务体系使北京现代的售后服务区域半径增大，速度更快。除了传统的4S店和卫星店，北京现代还进一步加大了快修店的建设，以满足城市周边地区用户对服务的需求。

北京现代依靠对服务网点的完善、配套服务设施的投入以及服务体系管理的调节，诠释了多年来所倡导的"真心伴全程"的服务理念，同时也形成了北京现代所特有的售后服务品牌。2012 年 3 月 15 日，北京现代以汽车品牌第一名佳绩荣获中国质量万里行颁发的 2011 年服务质量先进企业荣誉称号。"买车就是买服务"，北京现代严格遵循"以服务提升客户满意度、以服务强化品牌内涵、以提升服务竞争力为本"的服务理念，实现了北京现代整体品牌形象和竞争实力的提升。

实际上，推进"透明车间"、导入先进的"故障诊断系统"、加大"快修店"建设仅仅是北京现代提升客户满意度众多举措中的一部分。2010 年，北京现代已将客户满意经营具体落实到"三化"，即网络覆盖扩大化、服务便捷化和区域差异化，全面加速北京现代客户满意体系，实现内涵式增长目标。北京现代从预约、接待、维修、质检到交付和回访，全过程建立了一整套精细化管理模式。

预约服务提升服务效率。北京现代从 2008 年开始推行的预约服务，有效避免了客户在某个时段相对集中进店而造成的服务速度缓慢、客户等待时间过长的情况，同时也缩小了每日客流高峰与低谷的差距，优化配置了资源。

标准化接待提升服务品质。在北京现代的营销体系中，无论是服务顾问还是保险顾问，甚至保安、保洁或收银员，接待客户都有统一的流程和标准，从销售员到总经理，每人都有一本两年更新一次的培训手册，进行专门的培训与考核。这一措施使得北京现代的服务品质得以提升。

专业维修提升服务质量。北京现代对维修技术人员的培训，大到新车型上市，小到零部件更新换代，做到了正常维修和质量维修全覆盖。同时厂家与 4S 店配合，以先进的电子化手段实现客户足不出户就能为爱车升级，极大地方便了客户。

多重质检提升服务安全。在常规的过程、大事故与人工这三级质检的基础上，北京现代售后服务还增加了修理工自检、检验员独立检验，以及服务顾问在交给客户之前的最后检验，而服务顾问的详细讲解则将维修真正延伸到了与客户面对面，在提升维修服务的安全性基础上，更好地实现了与客户的沟通，得到了客户的极大认可。

信息系统提升服务管理。在回访环节，北京现代下大力气建立了一套客户管理系统，整合销售、售后、客户、客服所有信息，所有的 4S 店与厂家的信息直接联网，第一时间反馈客户的诉求，及时有效地实现了服务管理。这一步，北京现代又走在了国内车企的前列。

此外，为了不断提高售后服务水平，北京现代每年还举办"全国维修技师技能大赛"、"售后服务顾问业务技能大赛"，以赛促练，培养一大批优秀的维修技师和服务顾问。同时，北京现代还在全国各地的 20 所院校开办"北京现代班"，每年培养 500 多名专业的汽车维修人才进入北京现代特约服务店。

从企业管理体系中浓墨重彩地突出服务，到确保配件供给的纯正及时，从第三方检查的严格中立，到考核奖惩的大力度执行，北京现代努力将提升服务品质的措施做到极致。

在激烈的市场竞争中，北京现代用优质周到的服务为消费者创造了幸福，使消费者享受到幸福。而这，也为北京现代在市场竞争中立于不败之地发挥了重要作用。

因为幸福着你的幸福

在建立保修新标准，构建更加完整优质的服务体系基础上，北京现代从软件入手，将服务感受有形化，把客户当家人，以客户的幸福为企业的幸福，北京现代从客户为本的理念出发，为消费者构建起更加贴心的"牵挂式"服务。"牵挂式"服务，是多元化服务的集合，不是特指，而是泛指。

2012 年是北京现代"二次飞跃"的元年，北京现代将自己的经营方针定调为"畅沟通、稳节奏、抓系统、入主流"十二个字。其中的"畅沟通"是指优质服务与公益事业并举，也意味着北京现代已将服务提到了最首要的位置。

从客户满意度入手，为了进一步强化产品的品质优势，优化品质口碑，北京现代将提升客户满意度作为工作重点，形成对客户的"牵挂式"服务，为客户营造温馨的家的氛围，让客户真正感受到北京现代无微不至的关怀。

"牵挂"是眼见为实的认同。为了使客户更加直观的感受到北京现代产品的高品质和生产的现代化，2008 年，北京现代组织了"回娘家，为中国加油"活动，组织了 2008 名北京现代车主前往北京参观全亚洲自动化水平最高的北京现代第二工厂，并观看激动人心的奥运赛事，共享首都北京的百年盛会。此后，组团参观韩国工厂、观赛"世界杯"等类似"回娘家"的客户回馈活动更是精彩纷呈，而每一次参加活动，客户们增添的都是对北京现代产品的认可和信赖，坚定的都是对选择北京现代的信心与执著。

"牵挂"是你安全我放心的惦念。每年，北京现代都会在全国范围内开展春、秋二季的客户关爱活动，并对大客户成立了集团服务科，提供出租车司机培训、出租车免费检测等专项服务，全国经销商不定期开展售后上门巡检、巡展、新车用户课堂等一系列活动。

"牵挂"是细微之处见真情的关注。关注服务细节，让消费者更加舒适是北京现代服务的准则。无论是维修还是保养，过程中如果需要对后视镜、座椅位置等进行调整的，交付客户之前必须要恢复原样，不能差一丝一毫，哪怕是客户忘了关空调，也要为客户关好。有时候在维修过程中，因为断电再恢复会打乱电台设置，北京现代也要求技术人员要事先记好电台顺序，交付客户之前要一一恢复。这些消费者或许不曾留意的细节，悄悄地增加着消费者的舒适感。

"牵挂"是无微不至的关心。汽车消费，改变的是消费者的生活状态。本着这个理念，北京现代的服务团队在营造氛围上下功夫，帮助消费者营造更加丰富的生活环境：欧洲杯期间组织强队有奖竞猜活动，同享盛宴，共赢激情；端午节期间举办"粽情粽义"活动，邀请来店维修车辆的客户自己动手包粽子并领取粽子礼品；夏日来临，举办"清凉一夏"活动，到店维修的客户可凭借工单领取冰饮……

"牵挂"是贴近生活的实惠。北京现代的经销商精心设计了各种贴近生活，真心关爱消费者的活动：免费施救、免费车主课堂、丰富的会员活动、加油优惠、积分奖励、免费保养、免费升级、免费代客接送服务、绿色通道等等，都从最实惠的方面考虑消费者的需求，并为消费者提供实惠。

"牵挂"是尊贵专享的服务。北京现代专门为索八用户打造的"5S"服务体系，包括私人专属服务团队、免费道路救援等专享服务。北京现代专门成立了一支由 VIP 服务专员和 VIP 专修组成的服务团队，为车主提供 1 对 1 专人接待、VIP 专修工位等服务，为车主提供了全方位的尊贵体验。

"牵挂"是不断提升自我的鼓励。北京现代索八"5S"服务体系中，最特别的是"免费深造"服务，这也是北京现代突出差异化服务、增强用户归属感的有力举措。索八车主在申请成为《哈学会》会员后，即可参加 42 门哈佛商学院精英管理课程在线学习，全年 6 场专家面授讲座等，子女还有机会参加哈佛夏令营。

北京现代在服务提升方面所做的努力得到了业界的认可。2009 年，北京现代获得"中国质量万里行产品售后服务质量优秀企业"的称号，在全国汽车行业中被评为最优秀企业。2011 年，北京现代获得中国汽车服务金扳手奖——优秀服务品牌——服务创新奖。此奖项是表彰过去一年中，在服务质量、客户满意度、服务技术、服务品质等方面作出突出贡献的乘用车服务品牌，北京现代用自身的实力赢得了广大客户的信赖。

第五章　红色动力

　　十年来，北京现代脚步稳健、发展神速，创造了一个又一个属于自己的奇迹，在车坛创造光鲜夺目。在被誉为"现代速度"的发展奇迹背后，依赖的是中韩的合作，科学的决策和有力的执行，更是近万名现代员工的统一思想、使命必达。而这些的背后则是北京现代的"红色动力"在发挥作用，不断推动"现代速度"的车轮越转越快。

　　"红色动力"是对北京现代党委在中韩合资企业中的一个高度概括和一个形象比喻。北京现代党委积极探索党组织在企业中的工作定位，找准在企业发展中的地位，在把握企业大局、推动中韩合作、指引前进方向、凝聚员工力量、保证科学发展等方面，发挥了不可替代的作用。

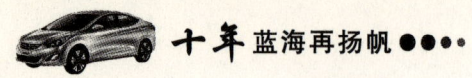

大胆亮相，夯实基础

既是挑战，更是责任

2002 年 4 月 29 日，北汽控股公司与韩国现代公司在北京签订全面战略合作协议，成立北京现代汽车有限公司，注册资本 27.1 亿元，落户在顺义林河工业区。从此，北京有了自己的轿车工业。

作为我国加入世界贸易组织后批准的第一个汽车生产领域的合资企业，北京现代也是被北京市确定为振兴北京现代制造业的龙头项目，带着"第一"的光环和巨大压力，北京现代开始接受重大历史机遇带来的冲撞和考验。

"举全市之力，办好北京现代"，市委、市政府大力支持，全市各相关委办局及顺义区委、区政府积极协作，大家上下一心，为北京现代的成长营造出良好氛围。倚仗天时、地利、人和，北京现代注定要为北京的制造业打造出一片新的蓝海。北京现代在让北京汽车人圆了 45 年轿车产业梦的同时，也遇到了许多与其他合资企业相同的问题。

一是加入 WTO 以后国家政策进行了重大调整，合资的中外双方的投资比例由此前的中方不低于 51% 变为最高不得超过 50%，在品牌、产品、技术、管理都由合资外方主导的情况下，如何处理好中外合资公司的治理问题、党组织地位和工作定位问题显得尤为重要。

　　二是由于中外双方的投资比例各占50%，决定了无论是董事会的成员组成、经营管理委员会的成员组成，还是中高层领导岗位人选，合资外方都要求与中方对等设置，如何保证中方的话语权显得尤为重要。

　　三是合资股比的变化还使得合资外方的控制范围由技术、销售、财务向管理延伸，突出表现就是合资外方派驻人员，由过去只集中在合资企业高层，变为中层及以上领导岗位由中外双方交叉任职。中韩文化如何融合，中韩双方如何沟通显得尤为重要。

　　北京现代党委认为，面对一系列新情况、新问题，必须从地位和定位这两个具有根本性和关键性的问题上进行突破，才能在合资企业中开展好党的工作，才能完成好党组织在中方员工中发挥政治核心作用这一根本任务。

　　徐和谊这个曾带出无数优秀团队的老共产党员，这次又坚定地扛起了合资企业中的党建大旗，他提出："在合资企业开展党的工作，必须站到执政党的高度，充分认识党组织在合资企业发挥作用的重要性和深远意义。"

　　历史的经验告诉我们，企业中的党组织不但可以而且必须积极迎接这些挑战，在企业的快速发展中发挥重要的、不可替代的作用。无论什么时候，只要把党委一班人抓好，形成工作的核心主体，进而发挥出合资企业党组织的整体优势，再困难的任务也能完成。

　　在合资企业中，党委必须按照中央加强党的执政能力建设，提高党的领导水平和执政水平的要求，努力实现党的执政理念、执政基础、执政方略、执政能力、执政方式、执政体制等一系列重大问题的指示，保证党的路线方针在合资企业的贯彻执行。

创新理念，寻求突破

面对一系列新情况、新问题，时任北京现代董事长、党委书记的徐和谊曾在对时任全国党建研究会会长张全景、时任北京市市委副书记杜德印的汇报中，阐述了对于夯实党在合资企业执政基础的思考：

北京现代作为在现代企业制度下建立的合资企业，在全新的现代化企业管理体系中，传统企业中党委的职能定位、工作形式、作用机制将会产生巨大变化。组织设置上，党委系统工作机构不再进入企业组织机构框架中；工作职责上，党委不再是企业经营运行中的一级领导机构，不再对企业的行政工作负直接责任；工作内容上，由对经营工作的直接管理转变为保证、监督、服务；工作机制上，党委与工会在编制、定员和职能工作上实行合署办公，履行双重职责。

针对这些变化，北京现代党建工作在实践中大胆创新，从两个维度对党委的地位和定位进行了研究和思考，力求对合资企业党建工作规律加以科学把握。

第一个维度是从加强执政能力建设的维度进行把握，也就是要保证党的路线方针政策在合资企业的贯彻执行。第二个维度是从坚持扩大对外开放的维度进行把握，保证合资企业发展方向，为国民经济和首都经济发展贡献力量。

在具体执行中，北京现代党委在"不变中求变，在变中保不变"的原则指导下，探索出一套具有鲜明特点的做法：

一是理直气壮，公开党建工作，形成工作态势，把党的工作融入到现代企业制度建设中去；

二是源头参与，把握第一资源，坚持把"党管人才"作为党委工作中的重要内容，从战略的高度做好人才工作，贯彻落实北京市委提出的"用一流人才，办一流企业"的用人方针；

三是坚持探索，深化机制创新，在积极开展日常性工作的同时，注重党建工作规范化，党组织工作制度化，党委、工会工作流程化；

四是系统整合，依托产业链条，遵照管人、管事、管资产相统一的原则，履行好出资人职能的同时，在这条产业链的企业中成立党组织和工会组织，借鉴和参照北京现代党组织工作的模式和做法，同步推进党群工作；

五是与时俱进，助推党建深化，狠抓北京现代"党员示范区"活动的开展，在坚持做"一流党委"、"强势党委"的基础上，建设"学习型党委"、"能力型党委"。

对此，张全景同志赞扬北京现代的党建工作"取得了一流成绩，这些宝贵经验可以在全国的民营、合资企业进行推广，具有普遍的学习意义"。外交部原部长李肇星同志称赞此举"对全国的合资企业乃至外国独资企业可能都有好处，是给国家给人民创造出来的无价之宝"。

明确地位才能确保到位，找准定位才能确保作为，地位和定位的确定解决了合资企业党组织"是什么"和"干什么"的问题，也坚定了北京现代党委坚持"党要管党、从严治党"的决心和信心。

随后，党委克服了一切阻力，坚决做到党群工作"三个同步"，即与企业同步组建党群组织，同步配备党群人员，同步开展党群工作。

同时，党委还加强理论研究，注重在合资企业党建工作实践中提升党建创新理念，先后明确提出了"夯实党在合资企业的执政基础"的党委工作最高目标和"创一流党委、建一流机制、育一流人才、办一流企业"的

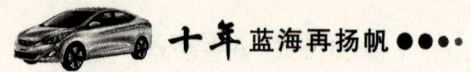

党委工作基本目标。

党委还提出"以改革的精神加强和改进党建、以创新的模式探索和开展党建、以发展的实效检验和衡量党建"的创新指导思想,"建设有作为、有地位、有影响的合资企业党组织"的工作方针,以及"党组织是企业唯一核心组织资源"的功能定位等。

到如今,北京现代党委,已经逐步形成了一整套符合合资企业发展要求的党建创新理念体系。

坦诚面对,公开亮相

随着合资企业在国民经济中的数量和质量的比例、比重的大幅提升,合资企业党建工作日渐成为党的执政基础的重要阵地。在合资企业数量大幅增长的同时,这些企业里党员的数量也在不断增加,合资企业里党的形象越来越直接地、大范围地展现在外商面前。对外商来说,企业中党员的形象就代表着党组织的形象,企业中党委的工作任务,就是党在新时期工作任务在企业的体现。北京现代党委深刻地认识到党组织在合资企业的形象是党组织作用的外化,党组织的作用是其形象的支撑。

如何在合资企业中亮起党的旗帜,树起党员形象,发挥党组织作用,北京现代党委从企业成立之初,就做足了功课。

2002 年的 11 月 28 日,那是个北京初冬有些冷的日子,没有暖气,屋里的温度很低,两拨穿着很厚重棉衣的人分别在用小课桌摆成的会议桌的两边,相对而坐。桌子的一边是以徐和谊为首的北京现代临时党委会成员,另一边是以总经理卢载万为首的韩方代表。

这是一场正式而严肃的见面仪式,刚刚成立的北京现代党委和韩方管理人员第一次全体亮相。尽管徐和谊和卢载万已经在一起朝夕相处地工作了半年的时间，但这是北京现代党委集体在韩方高层面前的第一次公开亮相，正式公开了党内的职务和身份。徐和谊郑重地把新颁布的《中国共产党党章》送给韩方领导每人一册，并且开始向韩方讲解关于刚刚结束的中国共产党"十六大"的有关内容。

"共产党员在企业中有什么特殊利益吗？"韩方领导人问。

"在我们这个企业里，共产党员没有任何特殊利益！相反，他们应该是各岗位上的优秀员工。这一点，时间可以证明。"徐和谊回答道。

接着，北京现代党委把北京现代的全部党员名单张榜上墙，并对韩方公开党委的一些文件，进一步消除韩方的疑虑。这无疑是徐和谊和他的党委成员的一次漂亮的亮相。这次亮相体现了徐和谊作为一个合资企业党委书记的政治气魄，昭示了北京现代党组织在合资企业理直气壮、旗帜鲜明地抓好党建工作的政治责任。

北京现代党委的公开亮相，已经成为非公企业党组织，特别是中外合资企业党组织党建工作的一个典型案例。对此，杜德印同志给予了高度评价："公开亮相，既在于'亮'，更在于'相'，既在于亮'相'，更在于相'亮'。你亮了相要干什么，这涉及党组织的地位、职能和作用，职能是个核心问题，就是要围绕企业的发展开展党的工作，以科学的发展观去实现好、协调好各个方面的利益，实现好各个阶段、各个层次、各个时期的利益，包括资本（股东）各方的利益。"

北京现代作为一个合资企业，是建设中国特色社会主义，走新型工业化道路的重要组成部分，党委肩负着保证合资企业发展的方向和引领企业科学发展的双重责任。北京现代作为合资企业，党的工作面临着诸多新变化、新形势、新问题，在不占有或不完全占有经济资源的情况下，开展好党的工作，强化党组织的作用，形成企业发展合力，始终是北京现代党委探索和实践的重大课题。

形成企业发展合力，关键在于整合资源。党组织是合资企业唯一核心组织资源，是北京现代党委对党建创新实践的深入认识和新的优势，敢不敢、会不会、能不能利用唯一核心政治资源，整合企业发展所需要的经济资源、社会资源、人才资源，是合资企业党组织代表先进生产力、引领企业科学发展的具体体现，北京现代党委通过整合资源，把党组织的政治优势变为促进企业发展的资源优势。

杜德印同志又指出："在不具有经济资源支配权、决策权和行政管理权的前提下如何发挥党组织的作用，有个创新问题，要通过创新树立党组织的良好形象。"为此，北京现代党委坚持发挥党委政治核心作用和党支部战斗堡垒作用不动摇，坚持工作的高起点、高标准，合理定位，强势亮相，从而确立了北京现代党组织在合资企业的地位。

为了更好地开展北京现代的党建工作，让党建工作开始就有一个强势亮相，北京现代党委提出了一个"三理"工作原则：理直气壮，通情达理，理所应当。

理直气壮，就是党委从一建立就要体现出执政党的胆识、气度和风范，不但要公开亮相，而且要公开工作，形成工作格局，相亮与亮相核心是在中方员工中发挥政治核心作用，关键是让外方认识到党组织每时每刻做的每件事都是在维护企业的整体利益。

通情达理，就是北京现代党委对韩方驻在员坦诚相见，采用直接与韩方接触的方式，面对面地与韩方平等交流，同时非常注意工作中的方法、礼貌问题，通过关心韩方驻在员的工作与生活，使他们加深对中国共产党的认识。

理所应当，就是随着党组织在企业中的作用发挥，韩方驻在员渐渐意识到，党委在企业中不是高高在上指手画脚地发号施令，而是通过各种工作，促进企业发展，维护企业利益，进而使韩方认识到在合资企业中党委开展工作是理所应当的事情。

通过党委的不断努力，现在在北京现代韩方员工心里已经有了这样的认识："优秀员工不一定是共产党员，共产党员一定是优秀员工。"从而使自己真正做到了"相亮"。

让力量彰显作用

聚合红色力量

10年，三个制造工厂，400万辆汽车产品，现代速度的背后，是北京现代党委带领近4000名党员和积极分子凝聚的合力，这股红色动力持续不断地推动着北京现代向前发展。

在北京现代党组织公开亮相，实现相亮的基础上，如何在实践中将这种凝聚力引向深入，进一步发挥作用，北京现代党委认为：发挥党组织的政治核心作用和共产党员先锋模范作用，凝聚广大党员，带领广大职工群众，是红色动力不断推动北京现代发展的基础和保证。在持续开展的党组织活动中，北京现代探索实施了"六力六领先"，经过不断的丰富完善，最终形成了北京现代的红色动力。

"六力六领先"，是北汽集团党委副书记、时任北京现代党委副书记李志立创造性提出的。

2006年，刚刚到任的北京现代党委副书记李志立，结合开展党员先进性教育，开展了"时代领先工程 —— 党员示范区"工作，首次提出了"六个领先"。2006年3月25日，北京现代召开了"时代领先工程 —— 党员示范区"启动大会，下发了《关于启动北京现代共产党员时代领先工程 —— 党员示范区的通知》文件以及《时代领先工程考核办法》、《时代领先工程档案管理制度》、《时代领先工程——党员示范区标志牌启用通知》、《时代领先工程工作例会管理规定》等四个附件。北京现代党员时代领先工程的核心内涵是要求党员做到"六个领先"，即：思想领先，在思想认识上要有高境界；学习领先，在个人品质上要有高素质；工作领先，在本职工作上要有高技能；创新领先，在实践创新上要有高效应；作风领先，在工作作风上要有高标准；奉献领先，在无私奉献上要有高要求。"时代领先工程"被北汽控股公司党委作为党建创新的典型案例推广传播，获得了广泛赞誉。"六个领先"则成为北京现代党委衡量共产党员先进性的重要标准。

北京现代党委开展的时代领先工程，既是保持共产党员先进性工作由活动转向日常管理的长效机制，更是加强党的先进性建设，不断优化企业党组织资源，充分发挥党员先锋模范作用的一项系统工程。为保证效果，活动中引进现代企业管理理念，采用要素考核、绩效改进、系统评价等方法，使对共产党员日常先进性表现的管理认定从定性走向定量与定性相结合。考核要素共分为思想领先、学习领先、工作领先、创新领先、作风领先、奉献领先等六个方面，包括"坚定理想信念，树立正确的世界观、人生观、价值观"；"认真学习专业技术知识，提高工作技能"；"带头节约成本，积极参与技术革新活动"等20个要素，基本涵盖了对一名共产党员的全部要求。同时，北京现代党委进一步建立了激励机制，使党员示范区的评价结果与树立先进典型、党员评先、年终先进员工评选和员工晋级等紧密相联。通过深入开展"时代领先工程 —— 党员示范区"活动，有效调动和保持了党员队伍的积极性，党员先锋模范作用发挥得更加明显。

在此基础上，北京现代党委认真抓好基层党支部建设，强化支部的战斗堡垒作用。在基层党组织创新中，党委要求每个支部要结合各自特点，选准与经济工作的结合点，选准党员体现领先的作用点，把党组织的先进性体现在企业的科学发展当中。轿车一厂涂装车间党支部在对以往工作进行系统梳理的基础上，紧密结合企业发展形势的需要，创立了党员工位平台、班组建设平台、学习改善平台、安全生产平台、质量保障平台、组织建设平台、爱心奉献平台、信息沟通平台等八个平台，八大平台管理机制全面涵盖了车间生产运行的各个方面，使基层党建运行机制与车间生产运行和管理目标相统一，实现了党支部在车间工作中发挥引领作用，在全面促进车间业绩增长的同时，切实提高了车间团队的凝聚力、战斗力。轿车二厂总装车间党支部结合车间成立时间短、年轻人多的特点，把党建创新的重点放在切实发挥党员先锋模范作用上，以共产党员"六个领先"的实际行动影响带动员工队伍，在短短三年间，团结带领全体员工创造出了一个又一个令业界惊叹的发展奇迹，在车间形成了独具特色的光荣传统和创新"代名词"——"共产党员，永远是冲在最前面的人"！

2010 年 7 月 3 日，北京现代党委在公司庆祝建党 89 周年表彰会上对创先争优活动进行了再部署：在全体党员中深入开展以"坚持六力六领先、争创四强四优、实现企业十百千，打造一流乘用车合资企业"为主题的创先争优活动。"坚持六力六领先、争创四强四优"是创先争优活动在北京现代的具体体现和进一步延伸。

"六力"就是夯实党在合资企业执政基础的保证力，实现合资企业跨越式发展的推动力，保持党员队伍长盛不衰的战斗力，培育企业高素质员工队伍的促进力，打造独具特色优秀企业文化的软实力，坚持以人为本共筑和谐的稳定力。坚持"六力"，就是巩固和拓展学习实践科学发展观活动成果。要求党组织，发挥政治核心作用，成为把握企业科学发展的引领者和中方团队思想作风建设上的领导者；通过开展卓有成效的工作，打造一支"召之即来、来之能战、战之能胜"的党员队伍，为企业科学发展提供强大的思想保证、政治保证和组织保证；坚持"党管干部"、"党管人才"的原则，打造一支专业化、知识化、年轻化、国际化人才队伍，为公司快速发展提供强有力的人才保障；牢牢把握先进文化发展方向，切实促进具有北京现代特色的优秀企业文化的形成，为企业实现可持续发展注入新的活力；坚持以人为本，发挥党委职能的辐射作用，通过党工团共建等方式，构建和谐企业建设中的党群工作新的运行机制。

"六领先"就是党员思想领先、学习领先、工作领先、创新领先、作风领先、奉献领先。坚持"六领先"是积极深化先进性建设的长效机制。要求党员做到：在思想认识上要高境界，在个人品质上要高素质，在本职工作上要高技能，在实践创新上要高效应，在工作作风上要高标准，在无私奉献上要高要求。

北京现代党委认为，增强基层党组织的活力，出路在于在继承的基础上有针对性地创新。"六力六领先"的提出，既是对企业党组织和党员发挥作用的深入阐释，又是北京现代党委对基层组织和共产党员的系统要求。肩负着保证合资企业发展方向和引领企业科学发展的双重责任，北京现代党委始终坚持"党要管党、从严治党"，始终抓好党组织作用的发挥，在"夯实党在企业执政基础"理念的指导下，从党组织的每一个细胞入手，始终抓好党员队伍的教育和管理，切实强化党员先进性。

一直以来，北京现代党委始终坚持发挥党委政治核心作用和党支部战斗堡垒作用不动摇，始终坚持工作的高起点、高标准，不断激发基层党组织活力，不断探索共产党员先进性建设的长效机制。特别是抓住保持共产党员先进性教育活动、深入学习实践科学发展观活动、创先争优活动的有利契机，全面提升党建创新水平，坚持与时俱进的品质，从企业实际出发，解放思想、锐意创新、大胆实践、强化作用，逐步建立了适应北京现代特点的党建创新机制，逐步建立了推进北京现代发展的党建创新工作体系，很好地发挥了党组织的思想保证、组织保证、人才保证、纪律保证的作用，夯实了党在合资企业的执政基础，拓展了发挥党组织优势的空间，保证了企业的健康发展。

基层党组织活力增强，党员领先作用充分发挥，不仅进一步确立了党委在中方员工中的政治核心地位，而且形成组织影响力和政治聚合力。在北京现代，"共产党员"已成为中韩双方员工所共识的"优秀"的代名词，"入党"也成为了许多员工，特别是核心骨干员工的理想和追求。越来越多的人向党组织靠拢，凝聚在党的周围，进而形成了千名员工争相入党，跟随党的队伍越走越长的别样风景。同时这种影响力和聚合力也传导到韩方。在北京现代出现了韩方员工自学"三个代表"重要思想，韩方总经理要求韩方人员在学习实践活动中与中方员工一道共谋企业科学发展，韩方人员在创先争优活动中与党员一起参与立项，甚至韩方员工要求入党等一系列独特现象。

通过开展卓有成效的党建创新，北京现代党委不断拓宽党组织工作空间，建设了一支充分发挥先锋模范作用的党员队伍，这支召之即来、来之能战、战之能胜的党员队伍，汇聚成一支"凝聚力无法想象、战斗力无法想象、奉献精神无法想象"的北京现代的"铁军"。这个群体也成为首都产业大军新的缩影，成为新时期合资企业党的先进性的代表。

十年来，这支队伍始终保持着长盛不衰的强大战斗力，在北京现代快速发展中发挥了不可估量、无可替代的重要作用。以全国"工人先锋号"轿车一厂总装车间，北京市模范集体轿车一厂涂装车间，全国劳动模范徐和谊，全国"五一"劳动奖章获得者宋顺生、李侠，北京市劳动模范周沛然等为代表的各类先进集体和个人，不仅为公司发展作出了重大贡献，更用实际行动诠释了"在北京现代，优秀员工不一定是共产党员，共产党员一定是优秀员工"的深刻内涵。

势成星火燎原

毛主席说，星星之火可以燎原。北京现代用十年时间向世人展示了一个高速发展的企业所能展现的奇迹。从项目筹备组几十个人每天晚上十一点召开例会，到党委会每月例会科学决策雷打不动；从建厂之初的 500 把镰刀割杂草，到三工厂建设顺利完成；从 2002 年赴韩培训党员国旗下的宣誓，到跟随党的队伍越走越长，一张张生动的脸孔和一个个鲜活的故事，汇集成一股潮流，这股潮流推动着北京现代，不断取得新的更大的成绩。这些脸孔有着同一个不朽的名字——共产党员。

和北京现代的人提起老宋，没有人不知道的。老宋名宋顺生，北京现代汽车有限公司生产本部仁和工厂副厂长，全国五一劳动奖章、首都劳动奖章获得者，2008 年被评为"纪念改革开放 30 年，中国汽车工业杰出人物"，2009 年 10 月 1 日，在举国欢庆的 60 周年华诞庆典上，老宋作为中国汽车行业的唯一代表，登上了"工业成就"的彩车，在天安门前接受了党和人民的检阅。

北京现代成立了多久，老宋这名字就响亮了多久。在最初的创业阶段，他带领着赴韩国现代学习索纳塔装配技术的 20 名突击队员工，每天夜以继日，像海绵一样疯狂地吸收着装配技术和操作技能。国庆当天，宋顺生带领 20 名突击队骨干面向国旗庄严宣誓：发誓完成任务，不辱使命。短短 20 天，老宋带领突击队克服了语言和技术的诸多难题，成功掌握了索纳塔车型的装配工艺。回国后马不停蹄地培训员工、指导技术，确保了北京现代索纳塔当年下线。

2003 年，在 15 万辆生产线改造的战役中，宋顺生带领的总装车间连续三个月没有休息，安装率连续 13 天达到 100%，这个记录就连韩方人员也感叹说："这在韩国现代轿车史上也是个奇迹。"2005 年，公司的目标锁定在 23 万辆上，为了顺利完成 30 万辆产能改造，宋顺生协调工艺排布、人员培训、工具采购、质量改善等工作，在改造后仅 8 天，综合运转率就达到了 85% 以上。2008 年，北京现代为应对市场需求量持续上涨、产能供应不足的情况，建立了轿车二厂，宋顺生勇挑重任，担任轿车二厂厂长职务。2008 年 4 月，"ELANTRA 悦动"上市首月销量便突破万辆，缔造了中级车市场新的神话。2009 年 6 月，悦动车型上市仅 14 个月便突破 20 万辆大关，当仁不让稳居国内单一品牌车型销量冠军位置。面对一流的工厂、世界领先的设备，宋顺生常说"先进的设备还需要高素质的管理和技术人才方能效益最大化"。为此，他亲自挂帅，不断开展基层管理者业务素质提升培训，形成了常态化、系统化的培训体系，极大地提升基层管理者管理能力，先后针对新任班组长、新入职工程师、总班长等各级管理者和业务骨干开展培训，共计 25 次，303 人次。

作为工厂的"大家长"，宋顺生始终坚持以人为本，既要保证生产任务，又要调动广大职工的积极性，针对多数职工都是青年的实际特点，宋顺生创新地提出并实施了"快乐十分钟，高效一整天"，利用工间休息搞活动，激发了广大职工干事创业的热情，同时通过对四大车间实施项目管理和创新改善，提升管理效能，挑战生产极限，确保了 2011 年二工厂在设定产能 30 万辆的基础上，达成全年 38.4 万台生产目标，创造出人均年产车 170 辆的韩国现代集团海内外所有同级别工厂的最高记录。

与老宋同样被认为是北京现代的传奇人物的，还有现任北京现代汽车有限公司质量运营室质量三部部长周沛然。周沛然是老宋手下的兵，从 2002 年项目筹备阶段就进入北京现代，周沛然也在韩国现代面对五星红旗宣过誓，跟老宋一起打过硬仗。2008 年北京现代成立轿车二厂，周沛然成了唯一的女性车间主任。从技术员到管理者，周沛然把女性的精细特质与管理者的干练融为一体，用独特的管理方式带出了一支能打硬仗的队伍。自 2008 年任职以来，她带领全车间 1000 余名员工，夜以继日地奋战在生产第一线，挑战极限，超越自我，迅速形成生产能力，产量不断提升，质量持续改进，为北京现代实现跨越式发展作出了突出贡献。"知难而进，志在必得"的精神在她的身上体现得淋漓尽致。

为了提高总装车间的生产效益，不断扩大产能，严把质量关，周沛然提出了一系列行之有效的举措。她要求建立班组质量实名制，制作员工"质量四清楚卡"，对发生的质量问题，从工程技术分析原因、树立对策，到班组长积极配合、严格执行，再到一线员工改善作业、养成习惯，每一步都做实、做好。她还要求班组长们学习先进的管理模式，推行现场 5S，创造干净、整洁、有序的车间环境，通过持续改善，提高工作效率。

加强队伍建设，创建学习型团队是周沛然的带队风格。她充分调动各种资源，组建车间专业培训小组，由组员编制《车间新员工培训材料》、

《提案培训材料》、《汽车知识材料》，为员工快速了解总装车间及岗位知识提供捷径。在她的带领下，车间广泛开展富有时代朝气和思想内涵的活动，激发了员工工作热情，提升了团队凝聚力。车间创办的刊物《激情总装》展现员工的真我风采。编创《草根集》与《百草集》，挖掘每一名普通员工的闪光点。

2010 年是北京现代的"内涵式增长管理创新年"，意在着力强化企业内部的管理创新挖掘潜力，提升企业品牌的含金量。作为轿车二厂总装车间主任的周沛然，一直秉承着精细化管理的工作作风，严谨的开展车间各项管理工作，针对每周的现场 5S 整理工作进行细化管理。化整为零，根据各类项目分为 A、B、C 三个等级。从而起到提高工作效率，降低工作强度的目的。在北京现代第二工厂"两投一提"即 LMC、NFC 两种车型的投产和生产线速由每小时 48 辆提升至 66 辆工程中，面对人员不足、工艺编程复杂、设备不稳定等不利因素，周沛然同志带领着车间全体员工战胜重重困难，提出问题改善措施 160 余项，为最终打赢这场北京现代成立近 8 年来最艰难的战役奠定了坚实的基础。

周沛然的工作得到了中韩双方的高度赞扬。2008 年，她获得了首都劳动奖章。还被韩国现代起亚汽车集团会长郑梦九称赞为"中国女性的杰出代表"。

同样被誉为北京现代杰出女性代表的，还有全国五一劳动奖章获得者，北京现代党委委员、采购本部副本部长李侠。2002 年 8 月，李侠离开了工作多年的政府机关，来到了北京现代筹备组，加入到了北京现代创业征程中。同年 10 月 18 日，北京现代汽车有限公司正式挂牌成立，此后不久，她被正式任命为采购本部综合采购部部长，下属进出口、综合采购和设备采购等三个专业科室，具体负责北京现代 KD 件、进口设备通关以及设备、工具和原材料的采购工作。从一名国家机关干部成长为一名中外合资企业的高层领导，李侠付出了大量的汗水和心血。为尽快适应新的工作，学习更多的专业知识，她利用自己的业余时间参加了北京大学举办的供应商与仓储管理的研修班，以优异的成绩获得了 SPPC 证书，并虚心向部里的业务负责人员学习相关业务知识。正是由于不懈的努力，使她对采购业务知识和主要采购项目均有了较深的了解和认识，在作出重大项目决策和日常价格审批过程中能够及时发现问题，更好地维护企业的利益。

在工作中，李侠始终秉持着廉洁朴素的作风，长期以来，采购本部在她的影响下，形成了务实高效，沟通共荣的业务风气。作为采购本部的中方团队领导，她十分关注员工综合实力和职业素养的提升。同时，多年政府机关工作经历积累的丰富经验，为其工作业务的顺利开展，奠定了非常好的基础。

李侠不仅拥有缜密的思维和极具艺术性的沟通能力，还具有超乎常人的顽强意志和强烈的责任感。作为一个年轻的中韩合资企业的采购负责人，她始终坚持"有理，有力，有节"的工作原则，在保证工作顺利完成的同时，获得了中韩双方员工的一致赞同。北京现代成立之初，为降低采购成本，提供公平、公正、透明的企业选择平台，按照中国政府的要求，她提出对于采购金额较大的设备采购项目要采取国际招标的方式进行。截止 2010 年底，通过国际招标的方式为北京现代节省设备采购金额上亿美金，国际招标这种充分竞争的选择企业方式获得北京现代中韩双方的认可。与此同时，她还大力推进物流公司的招标选定工作，通过公开竞争，最优选定，为北京现代节约物流成本数千万美金。

作为北京现代唯一一位女性副总，业务强度高，工作时间长，其肩上承担了比许多男性领导者更为重大的责任与常人难以体会的工作压力。公司和部门的发展，离不开中韩双方的合作，在本部的各项决策过程中，也发生过因为双方意见不同而产生的争论。但她以非凡的智慧，在相互尊重，相互理解，坚持原则的基础上，广泛的开展多层次的交流沟通，使双方的意见最终能够达成一致。

李侠努力贯彻北汽集团公司提出的"走集团化发展道路，实现跨越式发展"的战略思想，认真落实"内涵式增长管理创新"，并通过加速国产化，变更供应方式等方案，降低采购成本，有效保障了公司的生产运营。

李侠对下属的生活关怀备至，无论谁生病了，家里有什么需要帮助的，她总是亲自去看望慰问，帮助解决。工作上的帮助指导，生活中的关心问候，使她成为员工最为可靠信赖的朋友、老师、长辈。

作为公司党委委员，她始终以"共产党员必须是优秀员工"来严格要求本部广大党员。在她的倡导下，采购本部党支部开展了影响广大，特色鲜明的捐资助学活动。2005—2010年，先后两期的捐资助学活动中，采购本部党支共82人次，累计捐款50000余元，帮助来自革命老区延安的姚元同学和来自汶川地震灾区的董婷婷同学，完成了四年的大学学业。

不断追求六个领先，北京现代优秀的党员队伍覆盖各个层级、不同专业，有李侠、宋顺生、周沛然这样的管理者，也有坚守一线，不断创新的技师人才。

31岁的王志伟是轿车二厂总装车间的技师。虽然年纪不大，王志伟却是北京现代的老同志了。2004年，王志伟与同事赴广州进行SONATA出租车售后技术服务工作，3天圆满完成任务，获得出租车公司的极高评价，为企业赢得了荣誉。同年，他参加新世纪北京首届汽车装调工职业技能大赛中获得优胜奖，并晋升为高级技师，并获得"北京市工业高级技术能手"称号。

2005 年，北京现代公司先后上市 TUCSON 和御翔两款新车，在技术文件和生产经验不足的情况下，王志伟与电装组的同事们冲在维修一线，解决一些新下线车出现的电器性能方面的问题，为两款新车的顺利上市，让用户拥有一辆高质量的轿车提供了保障。并在参加的北京现代杯全国汽车装调工职业技能大赛中获得一等奖，被北京市总工会评为"经济技术创新标兵"，同年年底，被北京市工业促进局评为"北京市高级技术能手"。

2007 年底王志伟被调到新成立的北京现代轿车二厂总装车间，负责新车型悦动的电器维修所有工作，并协助车间组建了电装组，顺利完成了悦动从试生产到量产的全过程电器系统的维修调整，为悦动快速投放市场提供了保障。

2008 年王志伟结合相关的汽车知识，自行编写了"悦动整车介绍"、"安全气囊系统"、"发动机与变速器"、"防抱死制动系统"、"汽车电器系统"、"汽车空调系统"和"四轮定位"各项培训教材，系统地对员工进行培训。

2009 年王志伟主导参与 I30、IX35 认证实验车的装配，带领工程师们一起在时间紧、任务重的情况下出色完成装配任务，受到韩方专家的好评。同年针对悦动前大灯间距断差不良，王志伟与同事一起成立 TFT 小组，主导攻克悦动前大灯间距断差问题，通过对过程诸多因素中找出影响其前大灯间距断差的根本原因，制订了相应的改进措施并实施，问题不良率由 25% 降到 0.79%，取得了预期的效果，大幅度地提高了车辆外观质量。此课题还获得第四届"IE 亮剑"全国工业工程应用案例大赛三等奖。

2010 年，在北汽集团工会的指导下，以王志伟命名的志伟创新工作室正式挂牌运营，在"两投一提"即 IX35、领翔两种车型的投产和生产线速由每小时 48 辆提升至 66 辆过程中，面对人员不足、工艺编程复杂、设备不稳定等不利因素，志伟创新工作室全体成员克服重重困难，提出问题改善措施 160 余项，总计为公司节约金额近 740 余万元。其中由王志伟亲自主持的改善项目《领翔后悬合装困难改善项目》获得集团公司经济技术创新一等奖，另外，有 1 项获得公司二级提案奖，11 项获得公司三级提案奖。志伟创新工作室成立以来，王志伟带领工作室团队在提高整车装配质量、保障生产便利运行方面做了大量细致的工作，先后设计制造了悦动车型飞轮罩板自动提取装置、断丝锥取出器、贴片取出器和路试吸钉器等创新工位器具，同年 8 月，在举办的第十四届北京市工业和信息化职业技能竞赛中，他培养的徒弟，有 2 名获得汽车装调工技师证书，7 名获得汽车装调高级工证书，现在已经全部能够在汽车装调工作岗位独当一面。2010 年 10 月，王志伟带领创新工作室团队成立了二工厂淋雨品质改善 TFT，通过广大组员 5 个月的努力，成功将淋雨不良率从 14.5% 降低到 0.3%，大大提高了整车的密闭性质量。

2011 年，王志伟带领志伟创新工作室积极响应北汽集团开展经济技术创新的号召，充分调动车间广大职工投身经济技术创新活动的积极性、主动性和创造性，提出经济技术创新改善 56 项，其中王志伟主导改善项目 5 项，《制动液加注设备油桶存放区改造项目》获得公司三级提案奖，为第八代索纳塔、新款悦动的顺利量产提供了强有力的技术支持和保障。为完善车间一线技术工人职业生涯发展规划，王志伟精心编排年度技术工人培训计划及课程，积极为员工开展各种相关职业技能的培训并担任讲师期间，培训技术员工 240 人次。此外，为了提高整车的装配质量，优化装配工艺流程，志传创新工作室全体成员开展了工艺一致性检讨和覆盖零部件工艺优化工作，调整工艺编程 14 项。自 4 月北京现代主力车型第八代索纳塔上市以来，为确保其产品品质，王志伟一直忙碌在生产线上，针对生产和售后的各项品质问题带领工作室团队一同展开攻关，对售后反馈突出的室内行驶杂音问题，他带领工作室专门成立了攻关小组，经过 2 个多月的调查分析，提出改善措施 12 项，极大地提高了第八代索纳塔的产品品质。在 2011 年公司汽车装调工技师晋级辅导工作中，王志伟为车间准备晋级的 8 名技师从技师论文的选题、开题报告、论文撰写、答辩等各方面提供了详尽的辅导，评审答辩后车间的 8 名技师均受到了公司技师评审专家组的一致好评。其中 1 名技师被公司聘为 3 级技师，4 名技师被公司聘为 4 级技师，享受公司特殊技师津贴。他为北汽集团和北京现代人才培养、年度生产经营目标的完成作出了积极贡献。同年，王志伟被北京市政府批准享受政府技师特殊津贴。

北京现代的党员，就像是红色的火种。随着北京汽车集团化发展，北京现代的火种被带到更多的企业，以薪火相传之姿，以火种燎原之势，带动北汽集团全面发展。李兵、刘瑞华、谢立波……这些名字被镌刻在北京现代发展历史中，更被书写在北汽集团集团化发展大潮中。

北京现代党委党建创新十年来形成的"红色动力"，为企业持续健康快速发展提供着源源不竭的巨大能量，成为企业科学发展的不可替代的宝贵资源。

独特的人才管理

一个体系构成一个支撑

北京现代成长在一个难得的历史机遇期。北京现代不断壮大的 10 年，恰逢中国汽车市场高速发展的 10 年，市场环境放宽，行业竞争加剧，面对新的经济形势和企业长远发展的内在需求，北京现代认识到，只有抓住资源，才能紧紧扣住发展的脉搏——特别是作为"第一资源"的人才。北京现代党委深知，引领企业科学发展，关键靠人才。北京现代有 12000 名员工，各类人才覆盖不同层级、不同专业的方方面面，只有以发挥党委政治核心作用为基础，坚持党管干部、党管人才，才能引导各类人才充分发挥作用，进而从根本上引领企业科学发展。为此，北京现代党委始终坚持"用一流人才，办一流企业"的方针，紧贴实际，不断创新，探索出了独特的人才管理体系。通过这一独特的管理体系，北京现代党委引导中方人员追求业务上的高素质、政治上的高觉悟、工作上的高标准和业绩上的高目标，北京现代为广大干部和人才搭建起在合资企业中充分施展的平台，为更好地落实党委科学决策提供了保证。

作为把握企业科学发展方向的引领者和中方团队思想作风建设的领导者，北京现代党委创造性地提出了共产党员的"身份转换机制"。从公司高层领导党员、中层干部党员、工会会员党员、普通党员等四个层次，协调运行、共同作用，使党组织的引领作用在北京现代全面发挥。

在公司高层领导党员中，北京现代党委针对其中一名党委委员是企业董事会成员、五名党委委员是企业经营管理委员会成员的实际情况，形成党委委员身份转换机制。利用召开党委会的形式，对于确定企业发展战略、调整公司经营思路、制定员工福利政策等一切重大问题，充分研讨、统一思想、科学决策，再由相关的党委委员利用董事会、经管会成员的身份具体贯彻，切实保证党委的决议在合资企业经营决策中的充分体现。

在公司中层干部党员中，北京现代党委坚持"党管干部"原则，结合企业发展形势，经常性地组织由中方科以上干部参加的会议和培训，建立并坚持对所有新任中层及以上干部的谈话制度和对公司重点岗位干部的定期谈话制度，保留了党组织对中方中层干部的考核权。同时，在2011年面对中层干部变更人员数量超过50%的严峻考验，为确保企业平稳高速运行，公司党委创造性地提出了新任科长述职这一全新举措，建立起全新的中层干部培养机制，更好地将党委执政思路贯穿于新任干部工作思路当中，进一步统一思想，大幅度提高了新任中层干部的工作水平，从而实现中方干部思想高度统一、行动高度一致。这些党员通过其中层干部身份，切实保证了公司党委的思想在合资企业经营管理活动中的坚决落实。

在公司工会会员党员中，充分利用工会组织在合资企业的合法地位，通过工会主席与外方总经理的会晤，工会对涉及员工切身利益政策的执行情况的监督以及员工诉求机制的有效建立，使党员通过工会代表身份向外方明确表达意愿，从而达到公司党委对合资企业行为的影响。

在公司普通党员中，公司各级党组织通过加强先进性建设，不断发挥共产党员的先锋模范作用，使党员员工在公司全体员工中，特别是韩方员工中成为工作中的榜样，最终树立起党组织在中韩合资企业至高无上的群体形象。

身份转换机制，使北京现代党组织在中方员工中的政治核心作用实现了有形化；使北京现代党组织在合资企业中的政治影响力实现了最大化；使北京现代党组织"夯实党在合资企业执政基础"的理念实现了具体化。转换的是身份，不变的是作用，党员在合资企业中无论是何种岗位，都实现了党员的政治身份和员工的企业身份相统一，都实现了模范作用和岗位职责的相一致。

两种机制双重保障

在"身份转换机制"体系的创立和运行过程中，北京现代党委认识到，党管人才，既要管住人，更要管好人。管住人，就是要讲原则、画底线，明确党员和领导干部有所不为；管好人，就是要讲政治、画上线，引导党员和领导干部有所作为。

10年来，北京现代党委切实坚持党管干部、党管人才原则，在2008年11月召开的公司第一次党代会党委工作报告中，专门制定了北京现代"十百千"人才发展规划，不断创新方式、丰富方法，大力培育以"诚信、执行、创新"为核心内容的中方干部的团队文化，打造出了一支符合企业发展要求的高素质的中方干部队伍，不仅为现代速度奠定了坚实的人才基础，更为北京汽车的发展提供了强大的人才支撑。特别是近两年，随着集团化建设的深入，北京现代先后为北汽集团及其下属企业输送优秀人才达240多人，其中科级干部和科级后备干部就接近80人。人员流动与规模扩充使北京现代面临人才短缺压力。

为了更好地解决在企业持续快速发展中面临的人才缺口和接续问题，北京现代党委大胆起用年轻干部。2011年，在北京现代承担着维持企业正常运转的基础管理职责的科级干部中，任职不满一年的人员所占比例已经达到49.5%。面对新任科长比例大幅上升的困难局面，北京现代党委深入思考、坚持创新、大胆破题，在党委书记李峰的带领下，创立并实施了中方新任科长向公司党委述职的干部培养新举措，在北京现代开创了党管干部、党管人才的新局面。

从2010年12月5日第一次实施中方新任科长向公司党委述职以来，通过不断的实践与完善，这一举措已经发展成为北京现代的一项系统化、规范化的干部培养制度。中方新任科长向公司党委述职制度规定：新任科长在上任的第一年内，接受公司党委的重点培养。

重点培养分为两个阶段，第一阶段时间为前六个月，也是最重要的阶段，要求每名新任科长每个月向北京现代党委进行当面述职一次；第二阶段时间为后六个月，要求每名新任科长结合自己的工作，在相关党委委员的指导下，向党委上报一篇论文。通过历时长达一年的重点培养，北京现代党委真正实现对新任科长成长的动态关注与具体指导。

为了使第一阶段更有针对性，北京现代党委办公室专门为新任科长设置了固定的PPT模板，内容包括"对新岗位的认识"、"月度工作报告"、"目前本部门存在的问题"、"下一阶段工作计划"等部分内容。对于兼职党群职务的新任科长，党委还专门设置"兼职党群工作报告"。对于第六次月度述职的新任科长，在此基础上还增加了"上任以来重点工作报告"和"自我总结与认知"两大部分，并且进一步将各个部分的述职内容进行细致的划分。对新岗位的认识，细分为对岗位职责的认识和角色转变的认识；月度工作报告，细分为月度日常工作完成情况、重点项目和创新项目完成情况等。党委通过这些细分，以求达到帮助新任科长捋清工作思路，找准工作重点，加快角色转变的目的。

新任科长向北京现代党委月度述职专题会安排在每月的一个周六进行。每名述职者要在各党委领导班子成员以及其他新任科长面前，结合自己制作的PPT报告，进行10分钟的述职。每名新任科长述职结束后，各党委委员马上结合其表现，从党性修养、思维逻辑、价值体系和业务能力等方面对述职者进行现场点评。

此外，各党委委员还要从述职表现、工作能力反映、带团队能力反映等三个大项、十个小项进行打分。党委办公室在每次月度述职会之后，会将每名述职者每次述职的得分和相关党委委员布置的任务及时反馈给本人。

在第二阶段，每名新任科长要用前三个月的时间，反思自己工作中遇到的各种问题，在相关党委领导班子成员的指导下，确定课题。在之后的三个月内，围绕所确定的课题展开一系列创新实践，结合项目推进情况和取得成果撰写一篇不少于3500字的工作论文，连同相关领导做出的评语，一并交党委评审。

新任科长向党委述职制度的实施，极大地调动了新任科长的积极性，使北京现代新任科长群体的综合技能迅速提高。2011年，在任职不满一年的新任科长所占比例达到49.5%的特殊情况下，北京现代圆满完成了全年各项生产经营目标，实现了企业的平稳健康发展。

有所不为才能有所为。新任科长向党委述职制度是为年轻干部成长树立了一道业务发展的攀援墙，北京现代的党风廉政建设则是为干部树立了一道防范墙。

　　北京现代创新地开展党风廉政教育，通过弘扬现代社会理念和风尚，弘扬优良传统和作风，培育党员群众能认同、唱得响的北京现代廉政文化。通过赞誉清廉、鞭挞腐恶，形成企业改革发展的良好社会环境和舆论氛围，有利于在改革企业体制、调整利益关系、参与公平竞争、处理干群关系等方面，切实维护企业职工乃至广大群众的合法权益。通过培育廉洁理念，充分发挥廉政文化先进性、传承性、群众性、渗透性等特点和作用，内强企业素质，外塑企业形象，这是企业经营自身活力、党组织塑造自身形象的重要工程。

　　北京现代纪委始终坚持"廉洁、规范、务实、高效"的标准，不断加强自身建设。不仅认真贯彻执行民主集中制，坚持纪委委员集中学习制度，而且也逐步完善了纪委会的工作机制。按照建设学习型纪检组织的要求，在公司纪检监察干部中认真开展"深入学习十七大精神，认真践行科学发展观"主题教育活动，开展"集中学习周"活动，纪检监察干部的政策理论水平和业务素质得到了明显的提高，为更好地开展反腐倡廉工作提供了强有力的组织保证。

　　在全体党员中落实这一标准，北京现代纪委始终坚持"警钟长鸣，防范于先"的原则，以增强教育的广泛性为基础，以增强教育的预防性为目的，结合保持共产党员先进性教育活动的开展，进一步加强对全体党员尤其是党员领导干部进行理想信念、艰苦奋斗、廉政勤政、正反典型等方面的教育。

　　扎实开展效能监察，促进企业生产经营的健康发展。参与到企业运营中的北京现代纪委，必须在企业的运营中，发挥自己的监督职能。北京现代纪委始终坚持将效能监察工作放在十分重要的位置，紧紧围绕生产经营中心，在促进公司规范治理、提升治理水平、提高治理效能和经济效益等方面发挥了重要作用，取得了显著成效。

效能监察是一项涉及企业多方面、多业务和多层次的综合性工作，操作难度大、政策性强，所以在实际工作中，纪委始终坚持与安全、财务、法务等职能部门相互联手，积极配合，搭建一个纵横联动、配合默契的信息交换平台和监督监察平台，不仅弥补了纪检监察人员的专业局限性，而且也增强了职能部门的监督工作力度，有效地遏制了腐败现象的发生。

公司纪委针对近年来企业发展的新形势、新任务，以及生产经营中出现的新情况、新问题，深入调查研究，每年都认真进行效能监察的选题立项，其中重点对北京现代重大项目的零部件采购过程进行了全程监查，并严把"事前计划关"、"事中审核关"和"事后反馈关"，听取员工的意见和建议，广泛接受监督。

同时，公司纪委还加强对项目报建、资格预审、评标、定标等关键环节的监督管理，采取了项目报建由两人以上审核把关，资格预审、评标、定标由招标人、纪检监察部门和招标办共同监督的办法，保证整个设备采购的公正、公开、透明。

开展企业效能监察，既体现了以经济建设为中心的指导思想，又适应企业的发展形势和要求，不仅有效防止了违规违纪现象的发生，而且也有力地促进了项目管理整体水平和经济效益的提高。十年来，北京现代效能监察工作在实践中不断创新，在深化中不断推进，为北京现代的健康发展奠定了坚实的基础。

在公司成立之初，北京现代纪委便与顺义区人民检察院建立了"检企合作机制"，开展"共建阳光企业"活动，综合运用公司 OA 网、宣传栏、会议以及专题讲座等多种途径，深入开展党风廉政教育活动。组织举办预防职务犯罪、促进企业和谐发展专题讲座，参观顺义区预防职务犯罪警示教育展，观看北京市优秀共产党员先进事迹及《忏悔录》等纪录片，用身边的案例教育、警醒党员干部和员工，从而把形式多样、内容丰富的教育内容融入到廉政文化建设之中。

同时，公司纪委启动了党员及领导干部的两种谈话制度，即"新提拔干部任前廉政谈话制度"和"中层以上干部定期谈话制度"，引导党员干部树立马克思主义世界观、人生观、价值观和正确的权力观、地位观、利益观。

第六章　同一首歌

　　在中国的企业中，工会组织是拥有独立社团法人的机构，与企业共同存在。企业工会既要维护职工的合法权益，也要维护企业的合法利益，这是中国企业工会"双重维护"的工作要求，也是必须恪守的职责。

　　就是这看起来似乎有些矛盾的理论，北京现代工会却赋予了它更深层次的解释。时任北京现代工会主席李志立认为，双重维权，关键在于"在凝聚职工中维护企业权益，在企业发展中维护职工利益"。没有企业的健康发展，职工的权益就无法得到保障；没有职工的尽职尽责，企业发展也无从谈起。正是本着这样的理解，北京现代工会在企业十年的发展历程中，为促进中韩合作、保障企业平稳发展、维护职工合法权益，发挥着不可替代的重要作用。

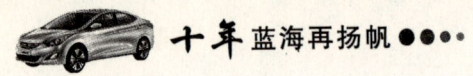

工会的优势力量

此工会非彼工会

很多人认为，工会是一个组织，一个在企业或行业中，代表劳动者一方利益的组织。作为企业或行业里的劳动者一方，其利益集中表现在工资收入、福利待遇和劳动条件等方面，从这一点上说，工会就是代表劳方向资方争取合理的工资、福利和劳动条件的机构。

也许这确实是早期工会组织成立的初衷，然而，时过境迁，随着社会的发展，当代中国的工会组织已经不单纯成为劳动者维权的机构，也成为了维护企业发展，维护社会稳定的重要组织。

作为中国加入 WTO 后的第一家汽车合资企业，2002 年，北京现代成立。与此同时，按照国家相关法律规定，北京现代工会也与企业同步成立。从成立那一刻起，北京现代工会就肩负起"双重维权"的重任——在凝聚职工中维护企业权益，在企业发展中维护职工利益。

作为一个合资企业，中外双方的融合与信任是开展一切工作的基础。北京现代工会在企业成立的初期就将促进中韩融合作为一项重点工作，努力通过各种途径加深与韩方驻在员的交流，拉近彼此距离，中韩双方搭建起"无障碍"沟通之桥。

对于韩方驻在员来说，由于国家体制的不同，他们并不太了解中国工会与韩国工会的差异，从而在工会成立之初，便本能地对工会组织产生了一定程度的不理解情绪。

然而，此工会非彼工会。

与韩国工会不同，北京现代工会自成立之初就对自身进行了准确的定位，那就是在公司党委和上级工会组织领导下，坚决落实科学发展观，牢记使命，大胆践行，积极创新工建理念，认真履行工作职能，扎实开展各项活动，全力推动企业发展。

在明确自身定位的基础上，北京现代工会进行了深入的分析和思考，努力寻求打破僵局的有效途径，以求在深化中韩合作的前提下打开一条具有可操作性的沟通和维权通道。

解铃还须系铃人。对于北京现代工会来说，只有让韩国驻在员清楚认识到自己与企业同呼吸、共命运的诚意和决心，才能让他们感到中国工会与韩国工会的真正区别，也只有这样才能让他们彻底扭转对北京现代工会组织的片面认识。要实现韩国驻在员这样的思想意识转变，不仅需要北京现代工会长期坚持开展好各方面的工作，更重要的是需要一个契机，一个打开新局面的突破口。

2002年10月18日是北京现代成立的日子，可是谁会想到，这么一场规模宏大，意义深远的开业庆典竟是由公司工会牵头操持的。更加令人意想不到的是，就在开业的前一天，一场罕见的暴雨袭击了首都北京，瓢泼大雨使得精心准备的开业典礼现场险些遭到严重破坏。

开业庆典前夕，在徐和谊董事长的指示下，工会挑起了筹备开业庆典的大梁。10月17日，经过近一个月时间的精心策划与紧张筹备，北京现代开业典礼全部准备工作终于就绪。正当大家满心欢喜地期待开业大典之时，北京的上空突然乌云密布，随后狂风大作，电闪雷鸣，暴雨接踵而至。在狂风暴雨的冲击下，开业典礼现场一度陷入混乱之中，巨幅背景板也在大风中摇摇欲坠。

为了确保第二天的开业庆典仪式，北京现代工会的干部们率先冲了上去，冒着雨，顶着风，以身体组成一道人墙，支撑着不让背景板受到影响。与此同时，大家紧急电话联系建筑施工单位进行抢修。十个小时的时间，大家齐心协力，知难而进，以无比坚定的信念和顽强的意志确保了开业庆典仪式现场万无一失，同时也保证了企业第一次亮相时的完美形象。

当这段故事被韩方驻在员得知时，他们的脸上无一例外地呈现出了难以置信的表情。他们无法想象工会竟然为了维护企业的利益而付出如此艰辛的努力，着实令他们刮目相看。

2002 年，由于韩方驻在员中大部分是首次来到北京居住，对城市的道路、交通情况都不是十分了解。工会在了解这一情况后，及时为每一位驻在员送上了一本详细的北京交通地图，为他们的出行提供了实实在在的便利。这一贴心的举动，再一次触动了驻在员的心。

如果说，开业典礼的小插曲和交通地图的贴心举动还不足以让韩方驻在员完全扭转对中国工会的认识，那么 2003 年那场突如其来的"非典"疫情则让他们对中国工会有了更加深入的了解。

危机中的真情

2003 春天，一场突如而来的"非典"打破了北京井然有序的一切，同时也让北京现代这个成立不到半年的年轻企业陷入了一场严重的危机中。

当非典疫情席卷首都北京的时候，大型集会活动全部取消，学校停课，工厂停工，北京的经济发展几乎处于停滞状态。然而作为振兴首都制造业的支柱企业，北京现代受市委、市政府的重托，身上还肩负着要全力确保完成全年 5 万辆的产销目标。

时任北京现代党委书记、董事长的徐和谊，在刘淇书记视察北京现代时，铿锵有力地喊出了"抗非保产"的口号，表示一定顺利完成产销任务，做好市委、市政府打赢"非典"这场硬仗的坚强后盾，绝不让首都经济的发展在北京现代出现滑坡！

正当企业的生产经营工作面临困境之时，北京现代工会在公司党委的领导下，勇敢地站了出来，承担起了疫情防控管理工作，秉承着坚定的信念和必胜的信心，开始全面展开与非典病毒作斗争的轰轰烈烈的"抗非保产"运动。

在党委和经管会的领导下，北京现代成立了防治非典领导小组，由公司工会全程组织并落实具体工作。为了保持员工队伍稳定，引导员工科学认识"非典"疫情，做好防治疫情的宣传工作，工会及时编制了防治 SARS 宣讲材料，下发到各级工会，组织员工集体学习，并制作了图文并茂的宣传海报，张贴在厂区内，便于员工区分正常发烧感冒和"非典"病情的不同症状，从而理性面对自身健康状况。

同时，公司和工会还向全体员工发放了口罩、口服用药和印有"抗非保产"字样的工作服，每天 5 次组织专人对员工进行体温测试，时时监控员工体温变化情况。

"抗非保产"过程中，恰逢"五一"长假，为了最大程度减少员工假期外出，避免感染"非典"病毒，工会组织预防办公室编制了一本厚厚的"知识问答手册"，当做员工 5 天假期中的"作业"，希望借此将员工留在家中。

就这样，从 4 月到 6 月，北京现代"抗非保产"运动不仅确保了企业内没有发生一起疑似案例，也保证了产销目标，为实现全年生产经营目标奠定了无比重要的基础。

然而，很少有人知道，"抗非保产"也并非一帆风顺，几次在危难面前，都是工会的干部、会员冲在了第一线，成功地化解了危机。其中，龙武军的故事至今仍在北京现代流传着。

5月的一天，"抗非保产"运动如火如荼开展，生产线正在忙碌地运转着，轿车厂一名年轻员工突然满面涨红地蹲在了地上，低声痛苦地呻吟着。经过测试，他的体温已经达到38.5度。

发烧了。所有人都明白，在这个关键时刻，发烧极有可能意味着感染了"非典"病毒，如果治疗不及时，将危及年轻人的生命。然而，面对着眼前这名痛苦的员工，却没有一个人敢向前一步。

员工发烧的消息很快就经由工会组织，传到了工会办公室干部龙武军的耳朵里。他火速赶往现场，安排救助事宜。当他看到发烧的员工已经虚弱得倒地不起时，龙武军二话不说冲过去将倒身在地的员工背在身上，向医务室匆匆跑去。

在场的员工都被龙武军的这一举动震撼了，被他的勇气和舍己为人的气魄深深折服。当得知，这名员工是由于急性肠炎引起的发烧症状，并不是感染了"非典"病毒时，大家都不由得松了一口气。事后，当大家问起龙武军背着员工去医务室的想法时，他总是爽朗地一笑，说"这是我作为工会干部应该做的"。

在那段艰难而难忘的岁月中，像龙武军这样的工会干部在北京现代有太多太多，他们不畏艰难、勇往直前的感人故事让北京现代工会这杆大旗更加引人注目，也让韩方工作人员更加肃然起敬。因为正是这些实实在在、感人肺腑的真实故事深深打动了全体韩方驻在员的心，让他们第一次在心底感受到了北京现代工会与企业同甘共苦、共渡难关的本质。

时间会改变一切固有的偏见。一场突如其来的非典没有吓倒北京人，更没有吓倒北京现代人。也正是通过这场人类的危机，让北京现代工会用感人的行动打消了韩方人员固有的观念，打开了他们的心扉，转变了他们的思想，让他们接纳并认可了这个如"家"般温暖的工会组织。

也正是从那个时候，北京现代工会才真正开启了构筑北京现代和谐劳动关系的崭新局面，并为未来企业的跨越式发展奠定了牢固的基础。

一座纽带之桥

在北京现代十年的成长历程中，工会组织始终伴随企业发展的每一个阶段，并作为联系企业与员工的桥梁纽带，在构建企业和谐劳动关系等方方面面发挥着重要的作用。

在企业调整时期，工会组织是"减震器"，凝聚人心，鼓舞士气，团结员工与企业共同渡过难关。

在企业发展的攻坚时期，工会组织是"助力器"，通过组织劳动竞赛、誓师大会、青年突击队等活动，团结、鼓舞员工将完成产销目标变成自觉行动。

北京现代工会始终牢牢把握工会维权职能，积极开展工建创新，实行党工共建，以党建创新促进工会建设的开展，把维权关口前移，在源头参与维权，收到了很好的效果。

工会是党委维护职工权益的工作载体，其各项工作和维权要求都要提交党委会通过。这样一方面能保证党的决策在工会工作中得到贯彻落实，保证职工群众的愿望和诉求及时得到反映；另一方面，工作方案在党委会上得到认可后，各党委委员以其兼任的行政职务的身份，在经营管理委员会上提出工会的主张，进而使维权工作在遵循现代企业制度的前提下，实现了源头参与，在企业内部逐渐形成了友善、和谐的工作环境。通过党工共建，工会对员工利益的维护不但落到了实处，更有效地改善了劳资关系，开启了合资企业工会工作的新思路。

在涉及职工权益问题上，北京现代工会常常用沟通和交流的方法来形成各方认识上的统一。工会根据"三个代表"重要思想，提出了维权三原则：一是始终坚持维护最广大员工利益，二是始终坚持维护员工最根本利益，三是始终坚持维护员工的长远利益，依法理性维权，创造稳定和谐的企业发展氛围。

在北京现代，工会是党委维护职工权益的工作载体。根据工会实际工作的需要，坚持每周一次党支部书记、工会主席周例会制度，认真听取职工群众的意见和呼声，并将突出的热点问题以书面形式向公司党委及经营管理委员会反映。工会主席也同韩方总经理建立了不定期会谈制度，将这些问题直接反映给相关负责人。

现在，每年工会都会组织会员代表与总经理进行友好午餐会，在轻松、愉快的氛围中搭建员工表达诉求的平台，通过这一形式，很多亟待解决的问题都在第一时间得到了圆满的答复，也更加拉近了员工与企业间的距离。

正是凭借着北京现代工会几年来坚持不懈的执著努力，2006 年，韩方与北京现代员工签订了第一期员工《集体合同》，以组织的名义、全局的角度，把企业对员工应尽的义务用法律形式约定下来，结束了韩国人在中国办企业不与员工签订劳动合同的历史。

这在全国中韩合资企业乃至韩国国内产生了巨大反响，受到中华全国总工会和市总工会领导的一致好评。

2007年，北京现代工会第一批代表团受邀访问韩国现代集团，就工会工作成功经验和北京现代劳资关系等问题同韩国现代中国区相关负责人进行了会晤。这次的韩国之旅，提升了北京现代工会在韩国现代的知名度，也意味着北京现代工会工作受到了韩国现代集团的认可和支持。

2010年，时任北京现代工会主席的李志立在签署完第二期《集体合同》后感慨地说："平等协商和集体合同制度，是和谐劳动关系的重要机制。北京现代工会经过努力，让韩方将职业健康安全、工资调整方案确定需听取工会意见，女工的保护、员工体检、入司前员工工龄确认等具体内容都写进了《集体合同》。在第一期合同到期后，2010年3月28日召开的北京现代工会第一届会员代表大会第5次全体会议上，我们又成功签订了第二期《集体合同》，既维护了中方员工的合法权益，又为北京现代企业和谐劳动关系的建立进一步奠定了基础。"

时至今日，北京现代每年都会派出工会专兼职干部、优秀会员代表组成访问团，前往韩国现代总部进行友好访问，工会代表团也越来越受到韩国现代集团高层领导的关注。在2012年的访问活动中，韩国现代汽车集团人力资源部本部长、副社长韩圣权亲自接待了访问团一行，并同工会主席进行了深入的交流，对北京现代工会在企业十年发展历程中所作出的杰出贡献给予了高度评价。

如今，北京现代工会在企业中充分受到了经营方的尊重。在北京现代，只要是员工福利、劳动关系解除等涉及工会会员自身权益相关的文件都必须经由工会主席签字确认方能生效，这样就从制度、源头上保障了工会会员的切身利益不受侵害，也保证了工会参与企业建设权利的有效发挥。

从质疑到信任，从支持到信赖，北京现代工会成功实现了华丽转身，为中国工会事业在全球地位的提升作出了突出的贡献。今天，北京现代每一名员工都知道时任总经理卢载万先生的"两个车轮"理论，堪称对工会作用发挥最精确的评价。他说："北京现代的'工会'和'经营管理委员会'就像是推动企业不断向前发展的两个'车轮'，只有协同运转，北京现代才能实现平稳高速向前发展。"

现代企业的文化之魂

核心文化彰显企业内涵

企业文化是一个企业在长期发展中逐步积累，并经过总结提炼形成的，全体员工所共有的一套信念、价值观和行为准则，以及由此导致的行为模式，是以企业哲学和企业精神为核心，以企业愿景、核心价值观、行为作风等为主要内容的、能够激发企业员工的积极性和创造性、增强企业员工的归属感的管理理论，是企业的灵魂和精神支柱。不同的企业文化决定了企业不同的生存状态，最终决定企业不同的生命周期。建设先进的企业文化，对于企业的生存和发展有着直接而深刻的影响。

北京现代的文化本质是理想信仰文化。在北京现代，文化是一种理想，文化是一种信仰，文化是一种最高境界的追求。

追溯北京现代的企业文化，就不得不提到企业成立那天徐和谊董事长慷慨激昂的讲话。在讲话的结尾，他说道："北京现代将长期致力于靠完美的汽车开辟最好的生活让顾客满意,用精细的管理创造最好的回报让股东满意,以舒适的现场提供最好的环境让员工满意,最终实现为中国人民的幸福生活创造一片美好的蓝天!"

也许徐和谊董事长自己也不曾想到,这段话一说出口就捕获了无数北京现代人的心,一种强烈的共鸣使大家不约而同地以此为目标,共同努力去践行。

北京现代企业文化是中韩双方企业文化的融合,既是北京汽车工业五十多年发展历史光荣传统的传承,也是现代汽车品牌扎根中国市场、奉献中国社会的精神体现,更是北京现代集全体中韩员工意志,通过奋斗十载,艰辛探索,创新实践而形成的优秀文化结晶。

作为一家对等的合资企业,资金、技术、设备的合作很容易,要想把受两种文化熏陶、在不同文化氛围中形成的人的思想、行动统一到一起,形成独特的北京现代文化,让全体员工为实现共同目标齐心协力,则是一件非常难以做到的事。

在北京现代,党委和工会是企业文化建设的主力军,这已成为中韩合作共赢中达成的共识。其中,党委是企业文化建设的缔造者,工会是企业文化的建设者、宣传者和传播者。

北京现代的核心文化理念是企业文化体系的基石,是根植于企业内部、引领企业进行经营活动、全体员工必须信奉的指导性原则,是实现企业目标和愿景的思想基础。北京现代牢牢把握先进文化发展方向,注重中韩文化的融合,以树立品牌形象、培育企业文化为目标,全面增强企业软实力建设,广泛开展多种形式的企业文化建设活动,切实促进具有北京现代特色的优秀企业文化的形成,为企业实现可持续发展注入新的活力。

十年树木,百年树人。经过十年发展,北京现代坚定着自己企业的最高价值——"为中国人民的幸福生活创造一片美好的蓝天",坚守着"追求卓越品质,共创幸福生活"的企业宗旨,坚持着用"三个最好,达到三个满意"的企业理念。在北京现代的艰苦创业中,凝聚和积淀了"奋力拼搏、团结协作、知难而进、志在必得"的企业精神,同时也彰显了北京现代在精神层面对北京汽车工业的贡献。

企业最高价值是企业判断社会事务所依据的是非标准和遵循的行为准则,是凝聚员工实现企业战略目标的文化基础。北京现代作为一个汽车企业,将"为中国人民的幸福生活创造一片美好的蓝天"定为企业的核心价值观,有勇气、有信心在中国人民幸福生活的前提下,实现汽车与蓝天的完美结合。这不仅符合贯彻科学发展观的要求,更充分体现了北京现代关注民生,注重环境的可持续发展,以中国人民的幸福生活为己任,推动经济发展,为实现人、车、自然的和谐多作贡献。

企业宗旨是关于企业存在的目的或对社会发展的某一方面应作出的贡献的陈述,也是企业战略管理的基础和起点。"追求卓越品质",是北京现代在发展过程中对自身成长提出的核心要求。产品品质是企业立足之本,"追求卓越品质"的提出表达了北京现代对产品品质的重视以及始终不懈的追求。

"共创幸福生活",是北京现代在经营过程中遵循的信念及秉承的原则。北京现代致力于通过人性化的管理使员工与企业共同成长,与员工一起共创幸福的生活。通过优质的产品和服务,与消费者一起共创幸福的生活;更通过主动履行企业公民的社会责任,积极投身中国社会经济建设,与中国人民一起共创幸福生活。

企业精神是现代意识与企业个性相结合的一种群体意识,是企业员工所具有的共同内心态度、思想境界和理想追求,表达着企业的精神风貌。

"奋力拼搏，团结协作，知难而进，志在必得"，是北京现代在十年的艰苦奋斗中，凝聚和积淀的具有传承和创新相结合的企业文化之魂，集中展现了北京现代人开拓进取、上下同欲、负重奋进、超越自我的时代精神风貌，而这些已经成为北京现代全体中韩员工的共同追求。

企业理念是企业在持续经营和长期发展过程中，继承优良传统，适应时代要求，由经营者积极倡导，全体员工自觉实践，从而逐步形成的代表企业信念、激发企业活力、推动企业生产经营的团体精神和行为规范。

"靠完美的汽车开辟最好的生活让顾客满意"，是指北京现代以顾客为中心，追求卓越的产品质量、完善的服务体系，让顾客在使用产品的同时感受到企业的真诚，从而实现顾客满意。"用精细的管理创造最好的回报让股东满意"，是指北京现代在生产经营中切实发挥企业的主导作用，打造完善的产品结构，实现管理的精细化，以"完成经营目标、提高经济效益"为重心，实现效益最大化，从而实现股东满意。"以舒适的现场提供最好的环境让员工满意"，是指北京现代通过人性化的管理，在企业中形成尊重人、信任人、关怀人的良好工作氛围，持续改善员工的工作环境，与员工共享企业发展成果，从而增强员工归属感，激发员工热情，实现企业的和谐发展，从而实现员工满意。

如果将北京现代的企业文化要素进行深入分析，就不难得出，北京现代是一个追求文化与物质双丰收的企业。十年的跨越式发展，北京现代优秀的企业文化成为支撑企业持续向前的不竭动力，凝聚成北京现代精髓的企业之魂。

筑牢文化高地

优秀的企业文化不仅要有完整的文化理念，更要有丰富多彩的活动载体来展现。

十年来，北京现代精心打造了由融合文化、和谐文化、责任文化和人才文化等四部分构成的独特的北京现代企业文化，并通过举办职工运动会、文艺演出、创作"司歌"、为员工办实事等形式，让员工认同这种全新的文化，增强了企业发展的软实力，为企业实现可持续发展注入新的活力。

说到北京现代丰富多彩的企业文化活动载体，就不得不提到北京现代工会和团组织所做出的不懈努力。在工团组织的协同配合下，北京现代的企业文化建设形成了常态化和创新型两种形式。

常态化活动是指在企业内部定期开展的员工喜闻乐见的文化活动，包括职工运动会、企业文化节、中韩管理团队活动及利用"七一"、厂庆等重要喜庆节日举行的文艺演出活动等。创新型活动指的是不定期、不限主题开展的适应企业形势需要的文化活动，比如青年歌手大赛、主题演讲比赛等。常态化和创新型活动贯穿于企业全年的生产经营工作中，起到了良好的调节和融合作用。

在常态化活动中，当数职工运动会和企业文化节规模最大，影响力最强。从2006年北京现代举办第一届职工运动会以来，职工运动会和企业文化节交替进行的传统便延续至今。

2012年，在企业成立十周年之际，北京现代成功举办了第四届职工运动会。北京现代职工运动会作为北京现代优秀企业文化最集中、最经典的展现形式之一，多年来深受全体中韩员工的喜爱。为了将此次运动会举办成为一届精彩、难忘的文化盛宴，全公司20个代表队近2000名员工以及400余名运动员积极投身于各项赛事的训练及运动会的筹备工作之中。经过近三个月的紧张筹备，运动会盛况空前，近5000名员工到场观看，赛场上运动员顽强拼搏，看台上啦啦队团结一心，北京现代的企业精神被诠释得淋漓尽致，营造了浓厚的文化氛围。

如果说职工运动会展现的是员工风貌的美，那么企业文化节就是彰显文化内涵的一场饕餮盛宴。北京现代企业文化节从 2007 年举办至今，已经成功举办了三届。随着企业发展的不断壮大，文化节的规模不断扩大，水平不断提高，形式更加新颖。

在 2011 年举办的第三届企业文化节中，首次采用 1 + 4 + 1 的演出形式，即一场开幕式文艺演出 + 四场由基层工会自编自导自演的文艺汇演 + 一场闭幕式文艺演出。除文艺汇演外，文化节中，还举办了各类体育赛事，如棋牌、乒乓球、羽毛球赛等，进一步丰富了广大员工的文化生活。

北京现代工会在此届文化节中还创新性地设置了抽奖环节，将特等奖设置为"销售一线商旅游"。文化节期间，北京现代工会带领获奖员工深入销售一线，在感受市场营销氛围的同时，也游览了当地风景名胜，可谓是一举三得。通过这样的形式，北京现代让员工们在欣赏精彩文艺节目的同时，也切身感受到了企业文化的内涵。

在北京现代开展的诸多创新型活动中，"司歌"合唱节堪称最为经典的一次。2007 年 10 月，在公司工会的精心组织和激情创作下，前后历时近 8 个月，筹备、酝酿、创作并录制完成了北京现代"司歌"《北京现代 drive your way》。歌曲一经发布，就受到公司全体中韩员工的一致好评。在庆祝厂庆五周年之际，北京现代举办了以"承载发展使命、唱响北京现代"为主题的北京现代司歌合唱节，中韩领导、员工踊跃参与，在北京现代企业文化建设历史上写下了浓重一笔。2011 年，随着企业发展战略的调整，北京现代工会将"司歌"歌词进行了修改，全新改版的北京现代"司歌"《北京现代之歌》录制完成，新"司歌"进一步体现了全新发展形势

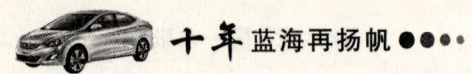

下北京现代的全新面貌。

不论是常态化活动还是创新型活动，北京现代都会根据当前企业发展的中心任务制订相应的活动主题，凝聚员工力量，为了完成企业共同的发展目标而不懈奋斗。北京现代的企业文化活动，也逐渐形成了以常态化活动为主线，以创新型活动为补充的活动形式，形成合力，相辅相成，借助活动的平台，进一步增强企业文化的影响力。

十年的时间，北京现代特有的企业文化理念在广大员工中深入人心，成为企业在激烈的市场竞争中制胜的法宝。目前，北京现代成立了企业文化建设管理委员会，将逐步形成一套完整的、可操作性较强的企业文化建设五年纲要和建设方案，更好地弘扬"奋力拼搏、团结协作、知难而进、志在必得"的企业精神，不断培育北京现代无可战胜的优秀软实力。

总之，北京现代的企业文化，是北京现代所创造的具有自身特点的物质文化和精神文化的总和，"学习型企业、跨国型文化、信息化工程、团队式工作、系统性构建、可持续发展"等所构成的丰富支撑已经成为北京现代企业文化构建的基本特征。北京现代的企业文化是萦绕在车间、员工心间和谐氛围的自然流露，是中外双方沟通、交流的信任基础，是合资企业持续健康发展的坚实平台。

用爱将距离拉近

同舟共济，冷暖相依

北京现代是一个忙碌的企业，员工的工作压力和工作强度都比较大。

然而，即使在这样的工作强度下，北京现代的员工还是对企业有着深厚的感情，这一切源自企业对员工的关爱，十年的风雨兼程，员工与企业、企业与员工之间早已形成了千丝万缕的联系，同舟共济的爱将彼此的心拉得更近。

北京现代始终坚持以人为本，大力发挥工会组织的辐射作用，通过党工团共建，切实把广大员工的利益作为各方面工作的出发点和落脚点，维护了员工切身利益，解决实际问题，不断推进和谐企业建设。

一方面，北京现代不断加强制度建设和员工福利改善，在制度建设中加入人性关怀，将以人为本思想融入制度建设之中。北京现代相继出台了《北京现代工人职群晋升制度》、《北京现代劳动争议调解实施办法》、《员工考勤休假管理规定》、《员工带薪年休假管理办法》等各项涉及员工切身利益的制度，并在制度实施前广泛征求员工意见，将员工的意见与制度建设相结合，力求制定出让员工满意的企业管理制度。

在员工福利方面，北京现代工会积极为员工争取最大利益，相继落实了"员工冬季取暖费"、"独生子女费"、"高温补贴"等各项涉及员工切身利益的福利项目。北京现代每年发放的各项补贴、福利项目近20项。在北京现代，出行有班车，饮食有餐厅，住宿有宿舍，着装有工服，每个季度还会向员工发放购物卡，每逢节假日和厂庆纪念日，公司总务部门和工会组织都要向员工发礼品和纪念品。正是这种"全覆盖"的福利政策，让员工充分感受到了来自企业的关爱。

为了让员工在企业中感受到如"家"般的温暖，北京现代从硬件设施和工厂环境入手，努力为员工营造温馨的工作环境。目前，北京现代已经拥有三个文体中心，分别坐落在轿车二厂、发动机工厂和技术中心，配有乒乓球、羽毛球、篮球、健身等运动器械，基本能够满足员工日常文体活动的需要。

同时，一个全新的集现代化多功能于一身的文体活动场馆已经规划完毕，即将进入施工建设阶段。届时，建成后的一工厂文体中心将成为集图书馆、乒乓球、台球、羽毛球、音乐舞蹈排练厅等诸多文体设施于一体的多功能文体中心，为广大员工提供全方位的文体活动场所。

北京现代每天都会为员工提供一顿免费的午餐，每一餐都会配有中式美食、地方风味、韩式料理、特色美食、清真美食等四到五种不同口味的美食供员工随意挑选。北京现代的午餐不仅种类多样，口味也是让人赞不绝口，卫生问题更是十分有保障。北京现代工会生活福利委员会的一项主要职责，就是监督、管理承担企业餐饮服务的餐饮公司，定期组织生活福利委员会会议，对餐厅的卫生、菜品质量等问题进行检查，从而有力保障了员工吃的健康、吃的美味。

除了这些制度建设和硬件设施建设，北京现代关爱员工的另一个重要表现就是广泛开展节日期间以及经常性的送温暖活动。北京现代是一个温情的企业，公司各级党工团组织都时刻关注着每一名员工的工作、生活情况。无论是婚丧嫁娶、生儿育女，还是生病住院、意外事故，每当员工需要帮助的时候，党工团组织一定第一时间出现在员工身边，为员工排忧解难，雪中送炭。

每年的节假日，北京现代党工团组织的相关领导都会前往困难员工、骨干员工的家中进行慰问，就连春节也不例外。徐和谊董事长十年来始终坚持在除夕夜前往职工家中进行慰问，同坚守岗位的员工共度新春佳节。

2012年1月22日，这是徐和谊董事长第十次在除夕夜入户慰问和现场慰问公司员工。在党委书记、常务副总经理李峰等公司领导的陪同下，他先后来到轿车一厂总装车间员工杨震生、轿车二厂总装车间员工王旭的家中进行慰问。

杨震生自2002年9月进入北京现代，一直是车间的骨干力量，是北京现代青年员工中的优秀代表。自进入北京现代以来，他一直时刻严格要求自己，通过自身的努力取得了装配技师和维修高级工的证书，并多次获得公司级先进员工称号，还于2008年获得北京汽车控股公司三级劳动奖章。当徐和谊了解到杨震生是第一批赴韩国培训的员工后，高兴地握住了他的双手，鼓励他在自己的岗位上要不断加强学习，充分发挥老员工的作用，实现自身价值，为企业发展作出更大的贡献。

当徐和谊来到轿车二厂总装车间员工王旭家中时，被简陋的居住环境、与室外相差无几的室内温度以及家中极为简单的陈设所触动。王旭是五口之家中的长子，父亲在建筑队打短工，一直无固定收入。爷爷年事已高，身患脑血栓，半身不遂卧病在床，生活无法自理，长期靠药物维持。母亲则担负照顾爷爷和日常家务，没有任何收入。全家的收入全部要依靠王旭的工资和父亲打工所得的微薄收入，生活十分艰难。

徐和谊在详细询问了他的工作和生活情况后，嘱咐他一定要保重身体，注意安全。同时，他也要求公司党工团组织加倍关注王旭的工作、生活情况，及时为他解决实际困难，并亲手为王旭的母亲送上了慰问品和慰问金。面对领导的关怀，王旭的母亲激动的热泪盈眶，表示一定全力配合公司的工作，嘱咐孩子踏踏实实工作。

在结束了入户慰问后，徐和谊带领着北京现代党委的主要领导马不停蹄地赶往生产现场，对节日期间留守在工作岗位上的员工致以节日的问候。从三工厂到一工厂，从警卫室到油库，处处留下了北京现代党委领导微笑、亲切的身影。最后，徐和谊董事长还不忘与员工一起吃饺子、看春晚、过大年，阵阵欢笑温暖了在场的每一名员工的心。

十年来，北京现代各级党工团组织累计使用送温暖经费达到 760 余万元，先后现场慰问和入户慰问困难员工 11000 多人次。在这些数字的背后，凝聚的是北京现代对员工的关爱之情和赤诚之心，北京现代以实际行动将温暖送到了每一名员工的心中。

同唱一首歌，同做一件事

爱是相互的，不仅作用于人与人之间，企业与员工间也是如此。在企业为员工着想的同时，北京现代的员工也始终心系企业，为企业的发展贡献着自己的一份力量。

十年来，北京现代的员工队伍始终保持着长盛不衰的强大战斗力，在企业快速发展中发挥了不可估量、无可替代的重要作用。其中涌现出了全国"工人先锋号"轿车一厂总装车间，北京市模范集体轿车一厂涂装车间，全国劳动模范徐和谊，全国"五一"劳动奖章获得者宋顺生、李侠，北京市劳动模范周沛然等各类先进集体和个人，他们都是闪耀在北京现代员工队伍中的杰出代表。

说起北京现代员工对企业的奉献精神，就不得不提到轿车一厂总装车间。这个集体从 2002 年成立至今，始终发挥着模范带头作用，也成为员工爱企业最突出的典范。

2004 年，在为完成 15 万辆的战役中，总装车间员工连续三个月没有休息，始终保持着"铁军"的高昂斗志，安装率连续 13 天达到 100%。作为当时的总班长——王大成，工作非常繁重，每天都是早来晚走。他的母亲高度近视，还患有心脏病，有时要靠输氧才能维持正常的生活。他的父亲身患直肠癌，还要照顾老伴、承担全部家务，非常吃力。15 万辆的任务让王大成三个多月没回家。有一次他回去，老人生气地对他说："以后你每回来一次，我就给你记一个考勤。"话音未落，王大成的眼睛湿润了……

2009 年，汽车市场出现了井喷现象。北京现代及时抓住市场机遇，三次调高产销目标，最终将目标定格在 57 万辆。2010 年和 2011 年，产销目标再次大幅度增长，在 60 万辆产能的前提下，实现了 70 万辆和 74 万辆的产销目标，再一次刷新了历史纪录。

2010 年，面对 70 万辆的产销目标，北京现代上下齐心保生产，任何小的设备故障都有可能影响产量。10 月 10 日，轿车二厂总装车间的 F303 工位后悬拧紧机设备出现异常，为了保证生产、节约时间，班组长一边联系保全人员检查维修，一边组织人员用扳手手动紧固。170N.m 的力量，对设备而言易如反掌，但如果完全依靠人工紧固，就是身强力壮的小伙子，几辆车下来也会汗水横流。再加上商品车在装配过程中还处于悬挂状态，必须挺直身子靠腰臂用力，这样的动作给紧固扭矩工作又增加了难度。

长时间停线就意味着产量的大幅流失，员工们深知这一点。既然不能停线，那么就用我们的力量来保证装配质量！看着班长严肃凝重的表情，肩负着重任的几名员工故作轻松地说："班长，您放心吧，今天我们就是拧紧机，不管多长时间，我们都一定会坚持到底，绝对保证质量！"班组长们被这朴实无华的话语感动的说不出话来，抢过员工手中的扳手，挺起腰身，手臂用力，干了起来。

这就样，大家轮流交替，班组长与员工们在 F303 工位展开了一场与时间的竞赛，与体能的竞赛，与质量的竞赛。扳手来回像奥运会的火炬一样在他们手中传递着……为了确保扭矩值准确无误，班长和监工分别增加了抽检频次。过度的用力拉伸使得他们的手臂变得僵硬，手不由自主地微微颤抖着，手掌也磨得发红，有的甚至已经磨出了水泡，可是为了完成这项艰巨的任务，为了保证车间的运转率，为了保证车辆的高品质，没有一个人喊苦喊累，更没有一个人退缩。

大家争着抢着往前冲，"不能停线"的信念化作一股强大力量支撑着他们，像一颗颗顽强的钉子，死死钉在工作岗位上。直到晚上18点，经过保全人员全力修复，拧紧机终于恢复正常。大家兴奋的眼睛里闪动着激动的亮光，7个小时的团结协作，7个小时的挑战极限，7个小时的超越自我，终于攻坚克难，保证了生产正常运营。

这只是北京现代生产过程中的一个小小缩影，一批又一批的员工就是这样在各自的工作岗位上发挥出了难以想象的战斗力、凝聚力和奉献精神，创造了数不清的奇迹。

在北京现代，每一名员工都争当先进，每一支队伍都勇往直前。在企业面临困境时，他们坚定信念，冲锋在前；在个人工作岗位中，他们兢兢业业，爱岗奉献。这支召之即来、来之能战、战之能胜的员工队伍，汇聚成一支"凝聚力无法想象、战斗力无法想象、奉献精神无法想象"的北京现代"铁军"。这个群体也成为首都产业大军新的缩影。

真情献爱心，同心筑和谐

北京现代的十年发展，造就了一个百万产能、千亿产值的现代化工厂。企业的蓬勃发展离不开社会各界的支持与帮助，如果将企业比作一艘巨轮，那么社会各界的帮助与支持就是海洋。北京现代作为一个有责任的企业，始终将履行社会职责摆在最重要的位置，努力为建设和谐社会作出应有的贡献。

十年来，北京现代在环境保护、科技教育、文化传播、体育事业、公益事业等多方面留下了足迹，用企业的实际行动来向社会诠释北京现代的社会责任感。

一直以来，北京现代都与足球有着深厚的渊源。早在 2003 年，北京现代就曾冠名赞助北京国安队，并助力国安队一举夺得当年足协杯冠军。2010 年，北京现代又曾作为南非世界杯官方合作伙伴，与球迷们共同度过了一个个令人激动的夜晚。

2012 年 5 月底，在寄托亿万中国球迷梦想的工人体育场，以上亿元赞助合约签下"中国之队"全部七支男女国家足球队的北京现代，6 月又以欧洲杯官方合作伙伴的身份，在全国范围内掀起了一股欧洲杯的火热浪潮，其中包括"我的欧洲杯"全国主题巡演、"我的欧洲杯，我助威！"在内的一系列线上、线下营销活动，贯穿了整个欧洲杯比赛日，为广大球迷和消费者朋友们带来一份足球饕餮盛宴！

徐和谊董事长表示，通过此次对"中国之队"的赞助，北京现代也希望以自我为表率，呼吁更多社会力量为中国足球提供助力。作为 2012 年欧洲杯、2014 年世界杯的官方赞助商，北京现代一直都是体育赛事的倾力支持者。北京现代不仅长期赞助环北京职业公路自行车赛和北京国际马拉松大赛，还是 2012 国际滑联短道速滑世锦赛、2012 世界斯诺克中国公开赛的官方赞助商。

在科技教育方面，北京现代以"崇尚科学，关心教育"为理念，不惜重金赞助教育和科技事业。2003 年，北京现代首次向清华大学捐赠 8 台发动机以改善教学条件，得到高校师生和社会各界的好评和认可。十年来，北京现代向清华大学、北京理工大学等 10 所高校共捐赠了 71 台整车与

296 台汽车核心部件，总价值超过 1000 万元，用于改善汽车专业教学条件并满足部分科研需求。这批教学设备的投入使用，对学生研究机械原理、加强动手实践能力、提高教学质量、培养创新型人才起到了重要作用。

2003 年，北京现代向"非典"之后刚刚复课的顺义区三所小学捐赠了 60 台价值 30 万元的电脑。2004 年北京现代两周年厂庆之际，北京现代将 30 万元的助学金捐赠给了顺义区，用于帮助那些家境贫困、品学兼优的大学本科和普通高中学生完成学业。2005 年 9 月，北京现代开展"红色之旅"大型助学公益活动，由 4 辆途胜和 4 辆御翔组成的爱心车队历时 6 天，行程 2500 公里，向延安革命老区 10 所小学捐赠了 60 台电脑、3 万册图书和上百件文体用品。此后，每一年暑期，北京现代"捐资助学"公益活动都会向全国各地的贫困小学捐赠教学用品，为孩子们创造更好的学习环境。

在重大灾难面前，北京现代都会义不容辞地承担起企业公民应尽的社会责任。在"非典"时期，涌现出一大批优秀的医务科技工作者，他们被人民称为"英雄"和"勇士"。"非典"结束后，北京现代向北京市人民政府捐赠了 10 辆中高级轿车，希望通过北京市人民政府奖励给在"非典"病毒科技攻关中，作出突出贡献的科技人员。徐和谊董事长说："这 10 辆车价值 225 万元，正好是北京现代中韩 1500 名员工一个月的薪水，我们捐献出来，是想以我们的实际行动声援在科技一线的人员，希望他们的成果造福亿万民众。"

2008 年 5 月 12 日，四川省汶川地震震惊全国，突如其来的灾难震撼着每一个人的心灵。这场 8.2 级的地震给灾区同胞造成了巨大的创伤和痛苦！北京现代全体员工心情十分沉重，公司决定向正在灾区全力进行抗震救灾的武警官兵捐献价值 110 多万元的 5 辆顶级版"途胜"救灾车辆，另外向灾区捐助 500 万元用于支援抗震救灾工作。

当前，环境问题正逐渐成为人类重点关注的问题，北京现代作为一个环保企业、绿色工厂，同样也关心着人们赖以生存的环境。北京现代不仅在生产经营过程中遵守国家环境法律法规，还在为改造生态环境做着不懈的努力。

内蒙古锡林郭勒草原是距离北京最近的一片天然草原，由于近年来荒漠化严重，现在已经满目疮痍，寸草难生，其中被喻为"白色的湖"的查干诺尔湖盆，目前已经退化成为一片盐碱地。近年来查干诺尔湖底一度黄沙四起，成为京津地区沙尘暴的直接来源，对东亚地区生态环境造成了恶劣影响。治沙专家在查干诺尔调查后发现，干涸湖盆积蓄了大量的盐碱土粉尘，如果采取耐盐碱植物碱蓬，覆盖在盐碱土地上，就可以起到固沙防尘的作用。

为了固沙防尘，北京现代 2008 年启动了"中国荒漠化防治——查干诺尔"项目，总投资 600 万元，将用 5 年时间完成 7.5 万亩的绿化任务，帮助查干诺尔地区尽快恢复草原生态系统，从源头上遏止威胁我国北方地区的沙尘暴，还草原一片绿色。

北京现代对企业社会责任的履行，同样深深感染着北京现代的每一位员工。北京现代鼓励企业员工参加到社会公益活动，以为社会做一些力所能及的事情。广大员工在企业的鼓励和带领下，倡导"真情献爱心、同心筑和谐"理念，成立和谐志愿者服务总队，广泛开展志愿服务活动。

从 2004 年开始，北京现代志愿者服务队就坚持定期在太阳村开展各项志愿服务活动。为了满足孩子们的日常开销，太阳村种植了数十亩的果树，平日里都是由孩子们放学后进行除草、剪枝。北京现代志愿者了解到实际情况后，自发组织帮太阳村的孩子们干农活，最多一次达到 200 多人。

每当到了儿童节、中秋节、春节等节日时，志愿者们就会带上礼物到太阳村和孩子们共同欢乐。

北京市顺义区特教学校也是北京现代志愿者服务的对象之一。2012年5月31日，在第63个儿童节即将到来之际，顺义区特殊教育学校携手北京现代志愿者服务总队，举办以"北京精神谱华章，企业关爱育成长"为主题的第三届体育艺术节活动。活动中，北京现代向特教学校的孩子们赠送了毛绒车模、篮球、足球等精心准备的礼物，青年员工志愿者们与孩子们演节目、做游戏，共同度过了一个难忘而意义非凡的儿童节。

一个企业的成功，离不开优秀的企业文化，离不开和谐的工作氛围。无论是企业内部和谐劳动关系的构建，还是企业为构建和谐社会作出的积极贡献，都是北京现代持之以恒，义不容辞的责任。

共舟共济风雨路，携手共进艳阳天！一支和谐之歌，正在北京现代每一个角落奏响！

我们走在大路上（代后记）

李 峰

回首北京现代十年走过的风雨历程，从无到有，从小到大，北京现代始终不变的是坚持发展的坚定信念，肩负的是振兴首都现代制造业的神圣使命。从诞生之日起，北京现代就用一次又一次刷新中国汽车行业合资合作和生产经营纪录的实际行动，向世人展示了做大做强的信心和决心。

从成立之初只拥有一条生产线、一种车型，边生产边改造的探索起步，到发展成为拥有三个整车生产工厂、三个发动机生产工厂和一个技术中心，能够生产十大系列车型，具有100万辆整车和100万台发动机生产能力的大型汽车制造企业，北京现代已经成为产品市场竞争力强，销售业绩、国产化率、全员生产率和资产盈利率均名列全国同行业前茅的现代化汽车生产研发、制造基地，成为首都经济发展的重要力量和新的希望。

现在，北京现代已经站在了新的起跑线上，即将向着下一个辉煌十年发起进攻。概括来说，在"十二五"期间，北京现代将围绕两个倍增计划和五个指标体系全面提升核心竞争力。

"十二五"期间，北京现代将在产销能力和中高级产品结构上较之"十一五"末实现全面倍增，到2015年，产销量将由70万辆倍增至140万辆，中高级产品比例将由26%倍增至50%以上。

　　"十二五"期间，北京现代将进一步夯实"内涵式增长"成果，加强中韩双方全领域的深入合作，加快合资自主品牌和新能源车型的开发和推进速度，实现品牌力、客户满意度、市场份额、税前利润率、员工满意度等指标体系的全面升级。

　　除了这些经营性指标外，战略还明确了产品质量和品牌提升、研发能力建设、管理创新、人力资源建设等其他指标，要以市场为导向，要从市场与客户价值体系、工厂与财务价值体系两个角度出发，建立一个全价值链目标体系，全面升级组织运营模式、市场运营模式、产品运营模式、生产运营模式、采购运营模式，力争在"十二五"期间将北京现代送上真正的科学发展的快车道。

　　未来几年，北京现代的管理模式将迎来一个新的历史阶段，应该称作"百万级"管理模式阶段。面对新的企业规模，北京现代的发展理念和管理模式必将发生新的变革。生产、销售、采购、规划、财务、人力资源和党群系统，都要有不同程度的调整，以适应百万辆级产销规模汽车企业的要求。所以，只有大胆探索、大胆开启变革之门，努力构建起符合北京现代发展实际、适应发展要求的管理体系和模式，才能真正实现科学管理，支撑起北京现代百万辆级生产经营体系。

　　当前，中国汽车行业已进入了"微增长"时代，这就要求北京现代必须进行结构调整，转变发展方式，用精益生产、精益运营和精益管理来提升经营管理水平和运营质量，保证持续的盈利能力。

　　因此，在外部形势发生重大变化的情况下，北京现代要实现下一个"辉煌十年"的奋斗目标，要着重从产品和技术、生产布局、体系能力和品牌建设等四个方面进行创新和变革：

　　一要加强产品和技术规划。说到企业的规划，最核心的是产品和技术。北京现代在"十二五"期间将成为一个百万级企业，成为一个全系列产品的制造商。在未来，北京现代将持续扩大和延伸产品线，提高产品档次，从而提升品牌价值。

二要做好生产布局。北京现代的工厂规划和生产布局，首先要符合产品规划，产能规模的扩充要带来工艺、装备水平的提升。未来，北京现代的生产布局要进一步与品牌的提升实现同步化。随着三工厂的竣工投产，北京现代将启动第四工厂的建设工作，届时，北京现代将拥有20多种产品，成为更加全面的整车生产企业。

三要加强体系能力建设。北京现代从2009年实施"内涵式管理创新"以来，始终高度重视内部管理工作，苦练内功，增加实力。在未来，面对构建百万体系的重任，北京现代也将进一步加强企业的内部管理，将内部管理上台阶、上层次，着重在体系能力建设上下功夫，见成效。

四要加强品牌建设力度。从2011年提出"提升品牌、调整结构、强化管理"工作方针以来，北京现代开始着力于品牌力的建设。特别是第八代索纳塔的成功上市，为北京现代品牌提升打下了坚实的基础。在未来，北京现代将从销售网络建设、服务功能建设、加强品牌宣传、人员素质培训等各个环节提升和塑造品牌的综合能力。

十年间，北京现代从市场的"新势力"，迅速成长为行业的"新主流"，实现了"现代速度"与"现代品质"的完美结合。当前，北京现代已经全面开启"第二次飞跃"的新征程，向着崭新的目标迈进。我们有理由相信，在经历了新世纪第一个十年的跨越式发展之后，北京现代将以科学发展观为统领，迎接下一个十年的挑战，责任重大、使命光荣、前途无限！

让我们共同期待，崭新十年，精彩无限！相信北京现代会在新的征程中一路高歌，书写出中国汽车工业史上属于自己的无比灿烂的新篇章！

北京现代大事记

2001 年

2001 年 10 月 17 日	时任北京市委书记贾庆林在北京会见了现代汽车集团会长郑梦九，正式揭开了北京汽车与韩国现代汽车的合作序幕。

2002 年

2002 年 4 月 29 日	北京汽车工业控股有限责任公司与现代自动车株式会社在北京签署战略合作协议。
2002 年 10 月 18 日	北京现代汽车有限公司举行开业庆典标志公司正式运营。
2002 年 12 月 23 日	北京现代第一辆新车索纳塔下线。

2003 年

2003 年 2 月 24 日	北京现代冲压、焊接、涂装、总装四大工艺生产线一期改造完成，形成 5 万辆轿车生产能力。
2003 年 3 月 5 – 19 日	北京召开第十届全国人大和政协会议期间，120 辆北京现代索纳塔轿车用于省部级两会

代表专用车，同时 300 余辆北京现代索纳塔警用巡逻车和警务车用于两会期间的安全保障。

2003 年 3 月 12 日	"北京现代汽车"冠名北京足球品牌——中国甲 A 北京国安队。
2003 年 5 月 12 日	国务院副总理曾培炎视察北京现代，并从专业化的角度提出了建设性意见。
2003 年 6 月 7 日	北京现代工会第一届委员会第一次会议召开。
2003 年 6 月 17 日	"抗非勇士"与生产能手携手驶下第 2 万辆索纳塔轿车。
2003 年 7 月 6 日	中共中央政治局常委、全国政协主席贾庆林在北京饭店亲切会见了现代汽车郑梦九会长和北京现代高层，并向中韩双方提出加快把北京现代建设成一流汽车制造和研发中心的建议。
2003 年 7 月 9 日	韩国总统卢武铉访问北京现代时将北京现代誉为"中韩合作的典范"。
2003 年 8 月 26 日	北京现代为北京奥组委提供服务用车。
2003 年 9 月 8 日	北京现代向第五届城市运动会赞助索纳塔汽车。
2003 年 10 日 8 日	北京现代出资赞助大型户外景观歌剧《阿依达》。
2003 年 12 月 23 日	北京现代伊兰特上市。

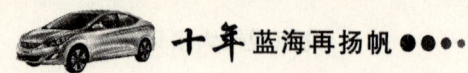

2004 年

2004 年 1 月 13 日	中共中央政治局委员、全国人大常委会副委员长、中华全国总工会主席王兆国慰问公司职工，并对北京现代的发展给予高度评价。
2004 年 2 月 25 日	中共中央政治局常委、全国政协主席贾庆林，中共中央政治局委员、北京市委书记刘淇，北京市市长王岐山视察北京现代。
2004 年 4 月 28 日	发动机工厂正式投产。
2004 年 6 月 28 日	北京现代向清华大学汽车系捐赠发动机 8 台，用于支持清华大学汽车专业人才培养，由此拉开了北京现代向全国高等院校捐助教学设施公益行动的序幕。
2004 年 9 月 10 日	北京现代与 BMP 签约仪式在凯宾斯基酒店举行，北京现代售后配件体系专业化进程顺利完成。
2004 年 12 月 23 日	北京现代第 20 万辆轿车在世人的瞩目中驶下生产线，北京现代又一个里程碑树立在北京现代的成长史中。
2004 年 12 月 31 日	支持国家文化事业，北京现代冠名北京市新年音乐会。

2005 年

2005 年 1 月 15 日	北京现代首批出租车交车仪式在北京现代厂

区举行，北京现代为首都名片的更新工作贡献自己的一份力量。

2005 年 4 月 14 日	支持教育事业发展，北京现代向七所在京高校捐赠发动机，用于汽车专业人才培养。
2005 年 6 月 16 日	北京现代第一款 SUV 途胜上市。
2005 年 6 月 21 日	北京现代第 30 万台轿车下线，这是全体北京现代人继北京现代一工厂 30 万台产能扩建完成后又一惊人喜讯。
2005 年 9 月 8 日	在中国抗日战争暨反法西斯战争胜利 60 周年之际，北京现代举办的为期 6 天的"红色之旅"大型捐资助学活动正式启动，向抗战老区延安的 10 余所小学捐赠了价值 80 余万元的电脑、图书等教学用品。
2005 年 9 月 15 日	北京现代 NF 御翔上市。
2005 年 9 月 17 日	重视产品品质，北京现代与中国质量促进会联办"2005 年中国质量万里行"活动。
2005 年 11 月 10 日	北京现代发动机出口俄罗斯。
2005 年 12 月 22 日	中国国民党革命委员会主席、全国人大副委员长何鲁丽视察北京现代，北京市副市长陆昊陪同视察。

2006 年

2006 年 2 月 26 日	原中共中央政治局常委尉健行到北京现代视察。

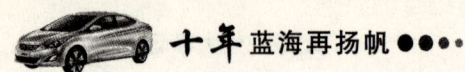

2006 年 3 月 16 日	北京现代第五款车型雅坤特发布上市。
2006 年 3 月 19 日	时任中国外交部部长李肇星在北京市委有关领导的陪同下前来北京现代视察。
2006 年 3 月 27 日	北京现代累计生产的第 50 万辆轿车正式下线。
2006 年 4 月 18 日	北京现代第二生产厂区及技术中心举行奠基仪式，标志着北京汽车工业将走向新的辉煌。
2006 年 9 月 8 日	北京现代第二厂区及技术中心正式动工建设。
2006 年 9 月 20 日	原中共中央政治局常委、国务院副总理李岚清到北京现代工厂视察。
2006 年 9 月 21 日	北京现代向武警捐赠途胜监理车。
2006 年 12 月 24 日	北京现代第一届工会会员代表大会第二次全体会议召开。

2007 年

2007 年 4 月 18 日	北京现代首届企业文化节开幕。本次文化节从 4 月中旬开始到 6 月结束，共历时两个半月，活动包括企业优秀党建成果展示、企业文化论坛、"司歌"征集、环保爱心活动、体育比赛、文艺演出等内容。
2007 年 5 月 19 日	共青团北京现代汽车有限公司第一次代表大会召开。

2007 年 5 月 30 日	举行伊兰特 50 万辆庆典活动，并将第 50 万辆伊兰特赠送给冰上情侣申雪、赵宏博。
2007 年 8 月 20 日	北京现代发动机第二工厂正式竣工投产。
2007 年 9 月 19 日	北京现代举行 2007 年大型文教公益捐赠活动。此次活动北京现代向北京太阳村特殊儿童救助中心捐赠 110 台电脑，同时向北京建设大学、北京工业大学等 10 所院校捐赠 11 台试验车、180 台发动机及 50 台变速器及其他教学用汽车配件 1000 余件用于汽车方面专业技术人员培养。
2007 年 11 月 19 日	第五届广州车展，北京现代 HDC 正式在国内亮相。
2007 年 12 月 10 日	北京现代第 100 万台发动机下线。
2007 年 12 月 10 日	韩国总理韩德洙视察北京现代。

2008 年

2008 年 2 月 22 日	"新高度新起点"，北京现代喜迎第 100 万辆汽车下线。北京现代自 2002 年 11 月投产以来，仅用了 63 个月的时间就成为国内汽车企业百万辆俱乐部的成员，是目前国内实现累计产销 100 万辆用时最短的汽车企业。
2008 年 4 月 8 日	中共中央政治局常委、全国政协主席贾庆林在人民大会堂亲切会见了前来北京参加北京现代第二工厂竣工投产仪式的韩国现代起亚

汽车集团郑梦九会长。贾庆林评价现代起亚汽车集团是中韩经济发展合作和加强友谊的桥梁，其合资企业已成为中国汽车行业的代表性企业。

2008 年 4 月 8 日	"新工厂新车型新研发"，北京现代第二工厂竣工投产及 Elantra 悦动上市仪式在北京现代二工厂总装车间举行。
2008 年 5 月 29 日	韩国现任总统李明博视察北京现代，并对北京现代取得的发展成就给予高度评价。李明博说："中韩两国已经建立了战略合作关系，今后两国间的经贸合作往来会进一步扩大，我期待北京现代今后生产更多更高质量的汽车，成为世界一流的汽车企业。"
2008 年 7 月 8 日	北京现代推出'5 年/10 万公里"售后服务政策，将保修期从 2 年 6 万公里延长至 5 年 10 万公里。把售后服务标准提升到一个全新高度。
2008 年 8 月 7 日	奥运火炬手北京现代董事长徐和谊传递奥运圣火。
2008 年 8 月 7 – 24 日	北京现代邀请 2008 名来自全国各地的车主参加"回娘家"活动，期间观奥运游北京感受百年奥运的精神，用实际行动回馈广大北京现代车主。
2008 年 10 月 17 日	北京现代二工厂职工文体活动中心隆重揭

幕，这是北京现代工会为广大员工办理的年度十件实事之一。

2008 年 11 月 15 日	中国共产党北京现代汽车有限公司第一次代表大会在迎宾馆大礼堂隆重举行。
2008 年 12 月 23 日	北京现代中高级旗舰车型 SONATA 领翔上市。

2009 年

2009 年 1 月 20 日	以"挥洒十月豪情奉献十分精品成就十万悦动"为主题，北京现代悦动第 100000 辆下线仪式在轿车二厂总装车间隆重举行。自 2008 年 4 月 8 日投产，在不到 10 个月的时间，悦动即突破了 10 万辆大关。
2009 年 1 月 31 日	2009 年 1 月，北京现代销量突破 3.5 万辆大关，达到 35184 辆，刷新了建厂以来单月销售最高纪录，迎来了牛年开门红。
2009 年 3 月 26 日	本年度第 10 万辆轿车下线仪式在北京现代二工厂总装车间举行。
2009 年 4 月 2 日	北京现代大讲堂开课。
2009 年 5 月 31 日	5 月，北京现代再破 5 万辆大关，实现销售 50487 辆，年内第四次创造月销新纪录！其中，伊兰特——悦动首次夺得国内单一轿车的月度销售冠军。
2009 年 6 月 18 日	北京现代顺利通过 ISO 14001 环境管理体系认证。

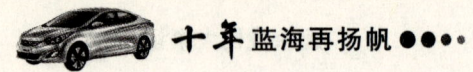
2009 年 6 月 23 日	北京现代第 150 万辆车下线。
2009 年 6 月 25 日－7 月 10 日	北京现代携手北京市 30 家 4S 店、服务站，开展政府采购车辆免检活动，主要涉及动力总成、空调系统在内的 9 大项 27 小项免检服务。
2009 年 7 月 31 日	第四届"北京影响力"之社区主任走国企活动，共有北京市 30 多位社区主任参观北京现代。
2009 年 7 月 31 日	2009 年 1－7 月，北京现代实现销售 300816 辆，已超过 2008 年全年销量，并首次突破年销售 30 万辆大关，创下历史最佳销售业绩。
2009 年 8 月 2 日－5 日	召开下半年营销工作落实会，325 家特约店的 700 名代表齐聚天府之国，见证骄人业绩，共商未来发展。
2009 年 8 月 7 日	北京现代索纳塔全新改款车 MOINCA 名驭发布上市。
2009 年 8 月 12 日	北京现代 43 名环保志愿者启程前往内蒙查干诺尔地区，开展为期四天的防沙治沙公益行动。
2009 年 9 月 9 日	北京现代欧版两厢车 i30 在北京科技大学体育馆上市，价格区间覆盖 9.98 万～14.8 万元，有 1.6L 和 2.0L 两个排量共 7 款车型。i30 不仅弥补了北京现代在两厢车市场上的

空白，同时也是开启北京现代旗下车型高端化的第一步。

2009 年 9 月 15 日	北京现代通过 ISO 9001 质量管理体系审核。
2009 年 9 月 17 日 – 9 月 20 日	北京现代赞助 2009 年至 2010 年赛季短道速滑世界杯系列赛，向中国滑冰协会赞助一辆 i30，主要用于中国短道速滑女队的日常训练。
2009 年 9 月 18 日	北京现代"2009 大学生车企体验之旅"。
2009 年 9 月 18 日	北京现代荣获"2009 中国汽车时尚先锋企业"称号，常务副总李峰荣获"2009 中国汽车时尚先锋人物"销售突出贡献奖。
2009 年 9 月 22 日	悦动荣获"十佳节能环保汽车品牌"冠军。
2009 年 9 月 30 日	北京现代产销首次双破 6 万辆，悦动连续八个月上牌量第一。
2009 年 9 月 26 日 – 10 月 5 日	第七届中国花卉博览会在北京顺义隆重开幕，作为本届花博会唯一汽车赞助企业，北京现代 i30 也现身花博会展馆，花海中显得格外瞩目。
2009 年 10 月 16 日	北京现代举行七周年庆祝晚会。
2009 年 10 月 22 日	第十一届中国国际西湖情大红鹰玫瑰婚典在杭城上演，北京现代 i30 成为玫瑰婚典唯一指定用车。
2009 年 10 月 26 日 – 30 日	北京现代经销商选手荣膺 HMC 世界技术大赛冠军。

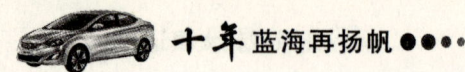

2009 年 11 月 20 日	第 50 万辆下线，北京现代成为国内第四家年产销 50 万辆的汽车企业。
2009 年 11 月 20 日	韩国国会议长金炯日午来访。
2009 年 11 月 27 日	《北京现代报》获得"全国十佳优秀企业报刊"称号。
2009 年 11 月 23 日 – 30 日	广州车展拉开帷幕，以"Design New Future 创享全新未来"为参展主题的北京现代强势出击，推出：X35.2010 款悦动、i3O，MOINCA 名驭、领翔等多款车型，同时带来新能源车 HCD – 11、NND4，i10 电动车和展现北京现代未来设计理念的概念车。
2009 年 12 月 6 日	北京现代赛车队勇夺中国房车锦标赛（CTCC）广东站车队冠军。
2009 年 12 月 15 日	北京现代青年创业就业见习基地成立。
2009 年 12 月 21 日	车教助学活动，向清华大学等 10 所高校捐赠价值 1000 万元汽车部品。
2009 年 12 月 23 日	由成龙发起和代言的公益活动品牌"龙行天下"，与北京现代携手，共同推出北京现代"龙子心"电教助学系统工程。
2009 年 12 月 31 日	北京现代全年销售 570309 辆，同比增长 93.6%，市场排名第四。

2010 年

2010 年 1 月 23 日	北京现代获得"顺义区 2009 年度安全生产

先进企业"称号。

2010 年 3 月 5 日	北京现代举行"学分银行计划"启动仪式。
2010 年 3 月 15 日	北京现代第二工厂扩能改造完成，年产能正式达到 60 万辆。
2010 年 3 月 28 日	北京现代经营方和工会方签订《第二期集体合同》。
2010 年 4 月 8 日	北京现代 ix35 新车发布会暨 200 万辆下线仪式，在国家会议中心隆重举行。
2010 年 4 月 20 日	4 月 3 日，北京现代累计生产 200 万台发动机，4 月 20 日举行第 200 万台发动机下线仪式。
2010 年 5 月 14 日	北京现代团委主办、北京工业大学学生交响乐团演出的主题为"携手发展，共创未来"的"北京现代之春"交响音乐会在迎宾馆大礼堂举行。
2010 年 6 月 13 日	由中央宣传部、国家安全监督管理总局等部委联合举办的 2010 年"全国安全生产月"宣传咨询日活动在北京现代举行，这是安全宣教活动首次在企业举行。
2010 年 6 月 18 日 -7 月 17 日	发动机二厂完成 25 万台产能改造。
2010 年 7 月 3 日	北京现代党委召开以"创先争优 内涵增长"为主题的"热烈庆祝建党 89 周年暨表彰大会"。
2010 年 8 月 23 日	VERNA 瑞纳全球首发仪式，在国家会议中心隆重举行。

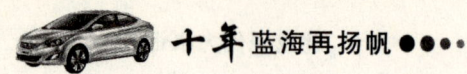
2010 年 9 月 6 日	北京现代全面启动 BTO（经销商订单管控系统）。
2010 年 9 月 12 日	北京现代第三工厂入区协议签字仪式在北京昆仑饭店举行。
2010 年 9 月 17 日	北京现代携瑞纳 Blue 版、YF 登陆第十三届成都国际汽车博览会。
2010 年 11 月 28 日	北京现代第三工厂奠基仪式在北京市顺义区杨镇举行。中共中央政治局常委、全国政协主席贾庆林，中共中央政治局委员、北京市委书记刘淇，北京市委副书记、市长郭金龙等领导莅临奠基现场。
2010 年 12 月 28 日	在北京市交委领导的见证下，北京现代与银建投资公司签署全方位战略合作协议，银建投资将在今后 5 年内更新采购北京现代 1 万辆出租车。
2010 年 12 月 31 日	北京现代全年销售 703008 辆，同比增长 22.7％，市场占有率 6.4％，行业排名第四。

2011 年

2011 年 1 月 10 日	北京现代第八代索纳塔下线暨经销商展车发车仪式在北京现代第二工厂隆重举行，承载着北京现代八年品质积淀的第八代索纳塔正式下线。
2011 年 2 月 10 日	为树立先进、宣传典型，顺义区委、区政府

对在 2010 年经济工作中作出突出贡献的单位和企业给予表彰，北京现代被授予"2010 年度顺义区区域经济百强企业"称号，位列百强企业名单榜首。

2011 年 6 月 8 日	第八代索纳塔"5 年 10 万公里整车保修"新闻发布会在北京召开。
2011 年 6 月 24 日	以"红色动力助推现代速度，优秀文化护航百万征程"为主题的庆祝建党 90 周年表彰大会暨第三届企业文化节开幕式在北京现代迎宾馆隆重召开。
2011 年 8 月 15 日	北京现代荣获"全国模范劳动关系和谐企业"称号。
2011 年 8 月 31 日	北京现代第 300 万辆汽车下线仪式在轿车二厂总装车间隆重举行。
2011 年 9 月 6 日	北京现代第三届企业文化节在北京现代迎宾馆开幕。
2011 年 10 月 18 日	北京现代第三工厂主体工程（厂房）竣工典礼暨公司成立九周年庆典、第三届企业文化节闭幕式在第三工厂总装车间隆重举行。
2011 年 10 月 23 日	北京现代中韩管理团队"百万征程文化行"活动在天津蓟县盘山举行。
2011 年 10 月 23 日	北京现代冠名赞助第四届南昌市军乐节，第八代索纳塔担当游行形象引导车。
2011 年 10 月 24 日 - 30 日	北京现代开展"冬衣送暖"活动，共向云南

灾区群众捐款 63000 余元，冬衣棉被等防寒物资 2400 余件。

2011 年 11 月 6 日　　北京现代蝉联 2011CTCC 年度车手总冠军，并在全年第八站比赛中获得 5 个分站的车手冠军和车队冠军。

2011 年 11 月 21－28 日　　第九届广州国际车展开幕，北京现代联合现代汽车携第八代索纳塔、ix35、瑞纳、CTCC 赛车 I30 以及进口雅科仕加长版，劳恩斯 PRADA，i40 和 i40 旅行版，全新雅尊，Veloster（飞思），劳恩斯－酷派等车型参展；同时，正式发布合资自主品牌"首望"，并展出首款概念车 BHCD－1。

2012 年

2012 年 1 月 11 日　　北汽集团召开 2011 年度总结表彰大会，授予北京现代 2011 年度"生产经营突出贡献奖"和"重点项目组织奖"等多项大奖。

2012 年 1 月 18 日　　北京现代第八代索纳塔荣获"2011 年 CCTV 中国年度汽车大奖"和"2011CCTV 年度中级乘用车"两项终极大奖。

2012 年 3 月 10 日　　北京现代工会举办庆祝"三八"妇女节登山暨表彰活动。

2012 年 3 月 3 日－12 月 14 日　　第八代索纳塔被指定为全国"两会"服务用车。

2012 年 3 月 26 日	北京现代纪委召开 2012 年党风廉政建设大会。
2012 年 3 月 23 日	由北京现代技术中心与全球知名的汽车配件供应商马勒集团共同主办的"马勒集团技术交流及产品展示活动"在技术中心工程大楼举行。
2012 年 3 月 26 日 –4 月 1 日	北京现代赞助的 2012 年世界斯诺克中国公开赛,在北京大学生体育馆开赛。
2012 年 4 月 22 日	徐和谊董事长,党委书记常务副总经理李峰当选为北京市十一次党代会代表。
2012 年 5 月 4 日	北京现代团委组织优秀青年团员参加纪念建团 90 周年大会。
2012 年 5 月 5 日	北京现代第四届职工运动会在顺义体育馆隆重举行。
2012 年 5 月 25 日 – 27 日	北京现代 2012 年中方管理团队特别培训在花城广州举行。
2012 年 5 月 28 日	北京现代第三工厂发动机厂正式量产。
2012 年 5 月 29 日	北京现代赞助中国足协,双方开展全面合作。
2012 年 6 月 30 日	北京现代党委召开纪念建党 91 周年暨创先争优活动表彰大会。
2012 年 7 月 29 日	共青团北京现代汽车有限公司第二次代表大会隆重举行。
2012 年 8 月 23 日	北京现代全新车型"ELANTRA 朗动"新车发布会在国家会议中心举行。

编　后

十年一瞬，北京现代走过了不平凡的十年。

为了更好地弘扬"奋力拼搏、团结协作、知难而进、志在必得"的北京现代精神，记录北京现代的发展历程，总结北京现代的发展经验，以激励广大员工更好地投身到北京汽车"二次创业"的伟大事业中，更好地投身到北京现代"第二次飞跃"的伟大实践中，北京现代党委决定，在今年编辑出版《十年蓝海再扬帆》一书，以奉献给关心支持北京现代发展的中央和北京市各级领导，奉献给关心支持北京现代发展的市有关委办局和顺义区的领导，奉献给关心支持北京现代发展的各界人士，奉献给与企业同呼吸共命运的全体中韩员工。

本书在编辑过程中，得到了北汽集团党委和北汽股份公司党委的高度重视和悉心指导。北汽集团党委书记、董事长徐和谊，党委副书记、纪委书记李志立对本书的编辑给予了指导。北京现代党委书记、常务副总经理李峰作出了专门指示，提出了具体意见。党委副书记、工会主席王建平主持了本书的编辑工作。北汽集团党委宣传部、北京汽车报社，北汽股份企业管理部和发展研究部给予了具体的帮助。北汽集团党委宣传部部长王虹、张秀云对本书的写作编辑进行了策划，给予了具体指导。在此，一并表示感谢。

本书在编辑过程中，发掘整理了大量资料，力求全面记录北京现代十年发展的历程与轨迹。但是，由于我们水平有限，难免有疏漏之处，还请广大读者批评指正。